Le centre de liaison de l'enseignement et des moyens d'information (Clemi), service associé du Centre national de documentation pédagogique (CNDP), est un organisme sous tutelle du ministère de l'Éducation nationale.
Le Clemi est chargé de promouvoir l'étude et l'utilisation des moyens d'information dans l'enseignement, dans le respect de toutes les familles d'esprit.

Pour tout renseignement : Clemi, 391, rue Vaugirard, 75015 Paris
Tél. : (331) 53 68 71 00. Fax : (331) 42 50 54 74/16 82

Remerciements

Pour leur contribution à la réalisation de cet ouvrage, que soient remerciés l'équipe du Clemi et, en particulier, Daniel Jégou et Josiane Savino.
L'auteur remercie également Me Alain Weber pour sa lecture juridique et Gérard Ponthieu pour ses conseils journalistiques...
... et aussi, pour leur collaboration, les photos et documents communiqués, un grand coup de chapeau aux rédactions du Mur, *du* Millefeuille *et de* Motte-Giron, *ainsi qu'à tous les journaux lycéens et collégiens qui ont contribué à l'élaboration de ce livre.*

FAIRE SON JOURNAL AU LYCÉE
ET AU COLLÈGE

Le Centre de formation et de perfectionnement des journalistes (CFPJ) est situé rue du Louvre, à Paris, au cœur du quartier de la presse. Il a été fondé en 1946, pour former des jeunes au métier de journaliste. Accueillant des étudiants et des stagiaires français mais aussi étrangers, il est organisé en trois grands départements :

● le *Centre de formation des journalistes* (CFJ) qui assure la formation première. Plus de 1 500 jeunes y ont fait leurs études : nombre d'entre eux occupent maintenant des postes importants dans les journaux, les agences de presse, à la radio, à la télévision.

La formation permanente est assurée par :

● le *Centre de perfectionnement des journalistes et des cadres de la presse* (CPJ) créé en 1969, où des journalistes et des techniciens des entreprises de presse peuvent venir suivre des stages et des cours pour se perfectionner dans leur métier et se tenir au courant des techniques nouvelles. Environ 2 500 stagiaires se forment au CPJ chaque année ;

● le *Centre d'information sur les médias* (CIM) qui organise des stages pour les personnels des entreprises industrielles et commerciales, des administrations, des associations, des syndicats, qui veulent se familiariser avec la presse et apprendre à mieux communiquer. Ce sont plus de 2 500 personnes qui s'inscrivent chaque année aux stages et aux cours du CIM.

Pour réaliser sa mission le CFPJ est équipé de trois studios radio, de deux studios de télévision couleur, d'une salle de rédaction télématique, de cinq salles de micro-informatique et d'un système rédactionnel informatisé.

Pour tout renseignement :
Centre de formation et de perfectionnement des journalistes,
33, rue du Louvre, 75002 Paris. Tél. : (1) 44 82 20 00.

Éditions du Centre de formation et de perfectionnement
des journalistes
29, rue du Louvre, 75002 Paris

C F P J

Faire son journal au lycée

et au collège

Odile Chenevez

et le Centre de liaison de l'enseignement et des moyens d'information (CLEMI)

LES GUIDES DU CENTRE DE FORMATION
ET DE PERFECTIONNEMENT DES JOURNALISTES

Dans la même collection

1. Guide des sources d'information
2. Communiquer avec la presse écrite et audiovisuelle
3. Guide de la rédaction
4. Barbarismes et compagnie
5. Anglicismes et anglomanie
6. Abrégé du Code typographique à l'usage de la presse
7. Abrégé du droit de la presse
8. La critique des spectacles *(épuisé)*
9. Libertés et responsabilités des journalistes et des auteurs
10. Précis de mise en page
11. Le reportage radio et télé
12. L'interview à la télévision
13. Comprendre la vie municipale pour mieux en rendre compte
14. Le droit à la formation permanente dans la presse *(épuisé)*
15. Guide de la télématique
16. Ce que tout pigiste doit savoir
17. Le journal municipal
18. Comment créer et animer une publication
19. Organiser sa documentation et savoir consulter d'autres sources
20. Les sources d'information en Europe
21. La PAO. Pour bien choisir matériels et logiciels *(épuisé)*
22. Concevoir et produire un audiovisuel d'entreprise
23. Le journal d'entreprise
24. Gérer la fabrication d'un journal
25. Radio locale, mode d'emploi
26. Lexique des termes de presse
27. Le vocabulaire de la ville expliqué et illustré
28. Connaître le Conseil général pour mieux en rendre compte
29. Connaître le Conseil régional pour mieux en rendre compte
30. Les droits et les devoirs du journaliste. Textes essentiels
31. Un point, c'est tout ! La ponctuation efficace
32. Les supports d'information dans l'entreprise
33. Publier une illustration, mode d'emploi
34. Le reportage écrit
35. Accords parfaits
36. Les sources de l'information scientifique et technique
37. La prononciation des langues européennes
38. L'infographie de presse
39. Commentaires et humeurs
40. Mieux connaître ses lecteurs
41. La vente au numéro
42. Le portage des journaux à domicile
43. Les droits de réponse, de réplique, de rectification, etc.
44. Guide des collections audiovisuelles en France
45. Les liaisons dangereuses

Hors collection

Utiliser la presse à l'école
Utiliser la presse à l'école et au lycée
Faire son journal au lycée et au collège
Le journal vidéo au lycée et au collège
Mieux connaître l'information audiovisuelle au collège et au lycée

Sommaire

Et si on faisait un journal ?

par Jacques Gonnet
directeur du CLEMI

Pourquoi faire un journal ? Avez-vous bien réfléchi à tout ce qui vous attend si vous vous lancez dans une telle aventure ? De fait, il y a beaucoup de bonnes raisons pour ne rien entreprendre : faire un journal c'est un peu soulever des montagnes. Créer une équipe de rédaction, tenter d'organiser et de structurer des articles, des thèmes, trouver l'argent, affronter la gestion, l'imprimerie, imaginer un circuit de vente... et encore nous n'évoquons pas toutes les tracasseries qui vous attendent si un mauvais article ou un dessin impertinent vous entraîne dans un dédale de relations compliquées avec les adultes.

Et pourtant chaque année, des milliers de jeunes, à l'étranger comme en France, décident, un beau jour, de faire un journal ! L'idée peut naître quasi spontanément au détour d'une conversation, comme réaction à un sujet brûlant, pour répondre aux jeunes du lycée voisin ou aux adultes qui ont un peu tendance à oublier que, à quinze ans, on a des propositions à faire...

On peut très bien faire un journal sans suivre tous les conseils de ce guide pour l'excellente raison qu'on fait d'abord un journal pour se faire plaisir, pour répondre à une impulsion irrésistible, et qu'il est bien agréable de faire son expérience soi-même. Mais, si vous avez ce guide entre les mains c'est que, très probablement, vous avez envie d'aller plus loin, notamment de savoir comment, dans des situations proches, d'autres jeunes ont résolu les mille et un problèmes techniques, rédactionnels et peut-être même déontologiques, parce que faire un journal est aussi une aventure sérieuse dont les enjeux ne sont pas minces.

Une histoire mouvementée

Si ces journaux existent depuis si longtemps, c'est qu'il doit bien y avoir une raison ! En 1831, au lycée Henri-IV à Paris, deux journaux lycéens se combattent. *Le Lycéen* soutient la littérature classique et combat sous la bannière de Racine. *Le Cauchemard* proromantique défend Victor Hugo. Mais ces deux journaux contiennent aussi des remarques plus ou moins bien venues sur la vie de l'établissement. La hiérarchie de l'école en prend ombrage et décide de renvoyer pour quelques jours le rédacteur en chef du *Lycéen.* Ses partisans se plaignent d'une véritable atteinte à la liberté de la presse. En 1882, *Les Droits de la jeunesse,* organe de la jeunesse des écoles, révèle la volonté des jeunes de participer aux grands débats. Dans le premier numéro se trouve un « appel aux lycéens » dont les résonances ne manquent pas de sel... :

« Camarades,

« Ce n'est pas la révolte que nous venons vous prêcher. Nous voulons simplement vous donner un organe. Pourquoi n'élèveriez-vous pas la voix pour faire entendre vos revendications ?

« Vous savez combien vous êtes exploités par les concierges ; vous savez combien, dans la plupart des lycées, la nourriture est mauvaise ; vous savez quelles sont les défectuosités du matériel scolaire, et notamment de tout ce qui touche à l'éclairage, dont la parcimonie produit tant de myopes chez les jeunes gens qui font leurs études. »

Il serait bien intéressant de disposer d'informations sur la suite des itinéraires de tous ces jeunes journalistes... Ont-ils continué dans le métier ? Sont-ils devenus de hauts dignitaires du régime ? Ou sont-ils restés des révoltés justiciers de la première heure ? Ce qui est sûr, c'est qu'ils étaient tous ensemble, à un moment donné, pour décider de faire un journal. Restent aujourd'hui cette vivacité de ton, l'originalité, l'intelligence des propositions égrenées ci et là dans toutes ces feuilles de quatre sous qui, malheureusement, ont rarement été conservées.

En 1830 comme aujourd'hui, les fonctions du journal restent les mêmes. Tant mieux si, de nos jours, nous pouvons avec plus de facilité mettre en page, maîtriser la forme et la diffusion, mais les contenus révèlent un même esprit et il y a de bonnes raisons pour cela ! Comment, en effet, faire passer de petites informations — de l'échange de timbres au dernier rendez-vous à ne pas manquer du groupe de musique qui vient jouer en ville —, comment participer aux grands débats qui agitent nos sociétés, comment partager avec d'autres un poème qui brûle le cœur sinon en publiant un journal, en exposant ses pensées, en prenant prétexte de sa situation nouvelle de « jeune journaliste » pour s'inventer à soi-même et aux yeux des autres — particulièrement les adultes — un statut dynamique, tout en potentialités, pour exister à plein.

L'apport des pédagogues

Curieuse relation à l'école que celle de ces quelques grands pédagogues qui ont tant changé le cours des choses et dont on ose à peine évoquer les noms tant ils semblent archaïques. Et pourtant, les Korczak, Dewey, Decroly, Freinet, pour ne citer que les plus célèbres, valent le détour. C'est que ces enseignants pas ordinaires ont décidé, une fois pour toutes, qu'ils avaient le plus beau métier du monde : apprendre aux jeunes à devenir des personnes responsables et libres, sachant s'exprimer, défendre leurs idées, bref, leur apprendre à devenir des citoyens à part entière. Leur idée commune ? Partir des intérêts, des motivations des enfants et des adolescents pour construire leur savoir.

En clair, le journal devient dans cette perspective un moyen extraordinaire pour s'exprimer, pour faire des enquêtes, pour échanger ses idées dans une pédagogie active où, petit à petit, le maître et ses élèves construisent ensemble leurs connaissances. Certes, il y a des différences notables entre un Korczak qui prend prétexte du journal pour organiser des débats entre les enfants de son orphelinat de Varsovie et Freinet qui place une imprimerie au centre de sa classe pour que, insensiblement, tout s'organise autour de cet objet magique. Mais, dans tous les cas, l'objectif est clairement défini. A terme, les jeunes doivent pratiquement pouvoir se passer du maître, assumer leurs choix, manier les outils nécessaires à la production de leur journal, devenir autonomes.

Mais, surtout, à travers un tel regard de l'adulte sur l'enfant apparaît la richesse des échanges — le compagnonnage — où chacun sait ce qu'il peut attendre de l'autre. Aucune démagogie, mais la certitude qu'on a tout à gagner à parier sur les potentialités des jeunes. Des exemples ? Pourquoi ne pas demander aux élèves de faire des propositions sur l'organisation du travail et des loisirs, sur l'utilisation des cours de récréation, sur la cantine, sur les règles de vie ? Dès lors, une autre ambiance, une convivialité apparaît.

Comme le dit Korczak, le journal — qu'il appelle « la gazette » — règle et dirige l'opinion, elle est la conscience du groupe. « Tu as une critique à formuler, écris à la gazette ; tu te sens offensé, écris ; tu m'accuses d'hypocrisie ou d'incompréhension, allons-y pour une discussion publique en présence des témoins, ce sera un document que tu ne pourras plus renier. »

La gazette rapproche, lie une classe ou un établissement dans son ensemble ; grâce à elle des inconnus d'hier viennent à faire connaissance et les plus discrets, ceux qui ne savent s'exprimer qu'en silence et la plume en main, occupent à leur tour le devant de la scène.

L'apport de ces enseignants exceptionnels est déterminant à plus d'un titre. Ils témoignent par leur action que la société tout entière a tout à gagner à favoriser le développement des potentialités des jeunes.

Et aujourd'hui? De quoi parlent-ils?

Qu'ils viennent spontanément d'un groupe de jeunes ou qu'ils aient émergé sur les conseils d'un professeur, les journaux, après quelques numéros, ont souvent le même parfum. En ce sens les décennies n'y font rien. On y trouve, pêle-mêle, les mêmes révoltes et les mêmes coups de cœur.

Certes, l'influence de l'époque est toujours forte et on peut identifier assez facilement quelques grands millésimes qui sentent les débats de société du moment. Par exemple, la conscience écologiste est récente. Elle existait déjà dans les années 70, mais pas avec la même ampleur. De même, les débats sur la peine de mort ont eu tendance à s'atténuer depuis l'abolition de cette mesure en 1981. Mais un journal lycéen présente presque toujours dans son esprit et sa forme quelques caractéristiques significatives comme l'humour ou la dérision : les pastiches y sont fréquents, les inversions de situations (et c'est bien pour cela que les adultes feraient leur profit de lire ces journaux...). Un exemple ? L'âge scolaire c'est l'âge où l'on est jugé, noté par les enseignants sans droit de réponse. Qu'à cela ne tienne, estiment les jeunes du *Makake déchaîné :*

« Après les Césars et les Oscars, une nouvelle distinction vient d'être créée par les élèves du collège Pierre-de-Ronsard à Montmorency. Il s'agit de la "Craie d'or", destinée à récompenser les professeurs. Les résultats, pour cette année, sont les suivants : les trois nominés pour la Craie d'or de l'élégance — Mme Cochet, M. Pinson, M. Pottier ; la Craie d'or est attribuée à M. Pinson, professeur de mathématiques... » D'autres Craies d'or sont attribuées : la plus belle colère, le professeur le plus musclé, l'accent le plus ensoleillé...

Certes, cet humour souvent bon enfant peut devenir parfois corrosif :

« Remuons-nous un peu ! lit-on dans *Gros Caca.* Boycottons la cantine et les cours des profs en retard ! Ramenons-nous tous en masse aux conseils de classe et d'administration ! Organisons un affichage sauvage, quand l'administration en aura assez d'arracher les affiches, peut-être donnera-t-elle des panneaux. »

D'autres constantes sont à relever : le désir de dialogue avec les adultes (nombreuses interviews de personnalités locales, notamment le proviseur ou le proviseur adjoint), l'échange entre jeunes et en particulier les réactions souvent vives à la sortie du journal. De même est-il important de souligner la très grande liberté de ton, le non-conformisme dans le meilleur sens du mot et surtout les réactions d'un numéro à l'autre. Ainsi, à un article sur la liberté sexuelle, une jeune fille répond dans *Trait d'union* n° 4 : « Ras le bol le sexe, vive la tendresse ! Pardon de vous apostropher ainsi, mais avouez que c'est exaspérant cet étalage de vie intime sur les écrans (je pense à un film qui nous touche particulièrement, *A nos amours* de Pialat), de chair sur les affiches. Mais, nous adolescents, nous réclamons tout simplement de la tendresse parce que sans la tendresse qu'est-ce que l'amour ? »

Mais ce qui résume le mieux sans aucun doute la tonalité de ces journaux ce sont, sans conteste, les dessins, les bandes dessinées mais aussi les éditoriaux. L'affichage du projet, sa différence avec la presse adulte, son originalité deviennent presque la signature de cette presse d'un autre genre : « Nous vous avons compris ! Nous savons quel est votre but le plus chèrement désiré : votre irrésistible envie de participer à la vie du journal nous fait honneur. A vos plumes, citoyens ! Pour un canard libre ! » *(L'Indicateur des chemins de dérive.)*

Autre exemple tiré de *L'Am-nézie* : « L'idéal serait que *L'Am-nézie* devienne un élément intégrant de la vie du bahut, qu'il soit un moyen de communication entre 1 400 potaches qui passent ensemble en moyenne huit heures par jour. Pour cela, il faut participer en réagissant. Ce qui signifie qu'il faudra passer vos jours et vos nuits à nous préparer des articles, on ne vous demande pas grand-chose, quoi ! »

Tout un programme !

Première partie

Partez à l'aventure du journal ... avec quelques bagages

CHAPITRE PREMIER

Inventez votre journal

Cette fois, vous êtes bien décidé, vous voulez faire un journal. Seulement quel journal ? Il y a plus de points communs entre *Picsou Magazine* et *Le Monde diplomatique* qu'entre deux journaux réalisés par des équipes de lycéens. Au moins les deux premiers ont-ils une vocation commerciale clairement annoncée. Ce qui n'est pas forcément le cas pour les journaux que vous souhaitez réaliser. Or la personnalité du journal qui verra le jour est complètement liée à la composition de l'équipe qui en prend l'initiative, au nombre de personnes et aux moyens matériels dont elles disposent, bien sûr, mais aussi à leurs motivations, à leurs compétences, à leur répartition dans le groupe social que constitue le lycée et aux effets qu'elles attendent du journal.

Choisissez votre style : vers un projet rédactionnel

Pour vous aider à définir votre projet, voici quelques exemples existants, qui ont fait leurs preuves. Ils sont représentatifs des formes que peuvent prendre les journaux que l'on trouve dans les lycées :

• ***Le jeune mordu***

Corentin Cottineau a quinze ans, élève de troisième au collège de Saint-Mars-la-Jaille (Loire-Atlantique) et patron de *Fote d'Orthographe* (*Fote,* pour les intimes), l'un des plus anciens magazines d'information de France, puisqu'il vient de fêter ses sept ans d'existence avec le numéro 241.

Depuis l'âge de neuf ans, Corentin sort un journal deux fois par mois.

Ses premiers numéros, réalisés sur des feuilles d'écolier, étaient reproduits en quelques exemplaires. Depuis, *Fote* s'est équipé d'un micro-ordinateur et fonctionne au « tout informatique » : saisie, mise en page, et même traitement des photos au scanner. Ce qui n'empêche pas son unique permanent de reprendre son stylo pour sortir un journal entièrement fait main lorsqu'il est en déplacement (vacances, etc.). Les lecteurs de *Fote* ne s'ennuient jamais.

Depuis un an *Fote* dispose de trois correspondants — à Bordeaux, en Autriche, et même en Australie —, qui alimentent régulièrement une rubrique locale. *Fote* est un journal d'opinion qui fait du commentaire d'actualité à partir de sources diverses. Corentin fait du sérieux sans se prendre au sérieux et dit ce qu'il pense sans jamais être trivial. Devinez ce qu'il veut faire plus tard ?

Tirage : 30 (photocopie) ; format : A4 (21 x 29,7 cm), 10 pages ; abonnés : 26 ; prix : 3,20 francs ; bimensuel, 250 numéros parus ; statut : complètement indépendant du collège, mais circule parmi les élèves.

• *Et lycée de Versailles*

Cent Commentaires, c'est tout le contraire. Il vise large et se désigne comme l'organe d'information des trois lycées de la ville de Versailles (Yvelines). Une équipe solide de vingt-cinq lycéens, autour d'Arnaud Jacotin, le directeur de publication, déjà bachelier. *Cent Commentaires* est né en 1989, sponsorisé par la Caisse d'épargne locale.

L'objectif était d'« élever le niveau de la réflexion des lycéens ». En fait, la qualité des débats qui s'y tiennent, contradictoires ou polémiques mais sans provocation, soulève quelques remous dans cette bonne vieille ville royale. *Cent Commentaires* est une entreprise dynamique qui ne manque pas d'idées pour sa rédaction comme pour sa promotion.

Tirage : 2 000 ; impression : offset (chez un imprimeur, avec une deuxième couleur sur la couverture) ; 12 pages ; diffusion : 1 200 exemplaires vendus dans les trois lycées ; prix : 5 francs ; trimestriel ; 4 numéros parus ; statut : géré par une association, l'AVIL (Association versaillaise interlycéenne).

• ***Le bahut Rouletabille***

Le Mur est mensuel, depuis cinq ans, et c'est l'un des journaux lycéens les plus connus de France. Il fonctionne un peu comme une entreprise à l'intérieur du lycée professionnel de bijouterie Jean-Guéhenno à Saint-Amand-Montrond (Cher). Une équipe de rédaction ouverte compte une centaine d'élèves, et tout le lycée y a participé un jour ou l'autre.

La structure est bien en place, avec deux rédacteurs en chef, des chefs de secteur, des grands reporters qui se déplacent, et un secteur commercial efficace. Une petite équipe de professeurs encadre le journal sans le diriger, et l'on n'est jamais hors sujet lorsqu'on travaille pour le journal, à Saint-Amand. S'il manque des sous pour payer l'imprimeur, on vend des pendules ou des calendriers... Et le professeur de français donne ses cours dans une salle qui ressemble plutôt à une salle de rédaction ; c'est le haut lieu de la communication du lycée.

Un comité de rédaction regroupe les douze chefs de rubrique et les deux rédacteurs en chef une fois par semaine, le mardi de 17 h 30 à 22 heures. Chaque service se retrouve en réunion de travail tous les jours, à 12 h 30 ou à 17 h 30.

L'aventure a commencé en février 1986 avec un matériel minimal (traitement de texte), mais plein de bonnes idées et une maquette originale, montée à la main. Depuis ils se sont équipés en Macintosh, avec une configuration PAO et un labo photo. La couverture en couleur complète l'aspect professionnel du *Mur*. On y trouve des grands reportages, des dossiers sur les entreprises, le sport, la littérature, l'art, la musique, les faits de société les plus marquants de notre univers, bref, toute l'actualité, vue et mise en relief par des lycéens d'aujourd'hui.

Loin de ressembler à un journal institutionnel, *Le Mur* réalise des enquêtes qui ne manquent pas de mordant, à tel point que la branche la plus solide de son équipe de rédaction n'a pas hésité à se faire sponsoriser par la Sécurité sociale pour réaliser sur place, au Printemps de Bourges, un petit quotidien pendant les neuf jours du festival. Une autre fois, ils sont partis enquêter sur la Pologne à bord d'un camion de « Pharmaciens sans frontières ».

Le Mur assure la relève en formant ses nouveaux arrivants avec l'aide des anciens et de journalistes professionnels. Après ? Ils deviendront bijoutiers, ou autre chose, mais les lycéens de Saint-Amand auront appris à ne pas mettre leur langue dans leur poche.

Tirage : 1 800 ; impression : offset (chez un imprimeur, avec couverture quadrichromie) ; format : 24 x 33 cm, 28 pages ; abonnés : plusieurs centaines ; diffusion : dans le lycée (officiellement) et locale, en kiosque ; prix : 15 francs ; mensuel ; 59 numéros parus ; statut : déclaré officiellement, fait partie intégrante du projet d'établissement, mais dispose de ses revenus propres : ventes, publicités et animations diverses.

• *La pêche d'enfer*

Avec ses neuf ans d'âge, *Le Tortio* du lycée professionnel Georges-Braque d'Argenteuil (Val-d'Oise) pourrait ressembler à un vieux monsieur ridé. Il n'en est rien. Pendant plusieurs années, *Le Petit Tortionnaire* était un journal « boîte à lettres ». Une équipe restreinte, encadrée par un enseignant, incitait tous les élèves du lycée à produire des articles signés ou anonymes, dans la plus totale liberté, dans le seul but d'offrir un support à ceux qui avaient quelque chose à dire. L'équipe se contentait de rassembler les articles, de mettre en page, de photocopier et de vendre.

Bien des cris du cœur ont pris le chemin du *Petit Tortionnaire.*

Aujourd'hui, ils ne sont plus que trois : deux élèves et le documentaliste du lycée. Des passionnés. Du coup, ils ont raccourci le titre : *Le Tortio.* Les élèves écrivent, l'enseignant tape et met en page sur le Macintosh gagné au concours « Scoop en stock 90 » (voir pages 89-90). Le journal est devenu leur lieu d'expression à eux, même s'ils y accueillent parfois quelques participations extérieures. Ils n'ont ni planning ni périodicité, et sortent « quand c'est prêt ». Le format et la maquette changent à chaque fois. Qui le lit ? Des élèves et des professeurs du lycée, mais aussi de cinquante à quatre-vingts personnes extérieures.

Tirage : environ 200 (variable) ; impression : photocopie ; format : A4, mais variable, 40 pages ; diffusion : vente directe à l'intérieur et à l'extérieur du lycée ; prix : 5 francs ; à peu près mensuel ; 37 numéros parus ; statut : déclaré officiellement et indépendant. Utilise, en payant, la photocopieuse du lycée. Financement autonome, par la vente et la publicité, mais sans subvention.

• ***Les toqués du fanzine***

Les fanzines sont des bancs d'essai pour les auteurs de BD, de commentaires de musique rock, ou de nouvelles de science-fiction. Les lycéens y participent volontiers et certains arrivent à se faire connaître grâce à ces petits magazines à tirage limité. Charb, dont le nom circule aujourd'hui dans la presse professionnelle, dessine dans *Banzaï,* un superbe fanzine qu'ils réalisent à deux et qu'ils vendent 15 francs. *Barzalou,* avec tout autant de talent, est le fruit du travail d'une dizaine de lycéens dans le cadre d'un club de l'établissement.

Réalisés la plupart du temps hors milieu scolaire et pas uniquement par des jeunes, les fanzines rivalisent d'originalité graphique, d'humour, de causticité et de créativité, mais sont un peu hors du propos de ce guide.

• ***Le journal officiel***

Lap'niouz sort deux fois par trimestre et il vaut 10 francs. Il reflète la vie du lycée Lapérouse d'Albi (Tarn) avec son joli logo en forme de bateau et son allure bien sage et bien propre. C'est une imprimerie qui le réalise, et des élèves qui écrivent les articles : les sorties, les PAE (Projets d'action éducative), des interviews des élus et responsables de la commune, diverses infos pratiques et quelques textes d'expression, sans oublier la rubrique des anciens élèves. La rédaction est bien encadrée par l'administration et quelques publicités assurent l'existence du journal sans trop peser sur le budget de l'établissement.

A propos du journal d'établissement

De plus en plus de lycées diffusent leur « organe » d'informations à l'intérieur et/ou à l'extérieur de l'établissement. Plus institutionnel, ce type de journal contient les informations nécessaires à la communication interne et externe de la communauté scolaire : agenda-service des réunions à venir, informations pratiques sur la scolarité ou l'orientation, comptes rendus ou reportages sur les activités scolaires et extra-scolaires, ou encore tribunes libres sur les débats de fond qui mobilisent l'établissement. Cette forme de journal peut parfaitement être réalisée par une équipe de rédaction qui comprend des élèves, des professeurs, des parents et des représentants de l'administration et du personnel. Les élèves sont concernés, mais le directeur de publication en est généralement le chef d'établissement. C'est lui qui se portera garant des contenus du journal.

La vocation d'un tel journal n'est pas de se faire le reflet systématique des opinions des divers membres de sa rédaction, mais d'informer largement ses lecteurs sur la vie du lycée. L'objectif est même parfois de donner une image positive de ce lycée, dans le cas par exemple de lycées professionnels spécialisés qui ont besoin de se valoriser pour améliorer la qualité de leur recrutement.

Il ne faut donc pas en attendre la possibilité d'une liberté totale de parole ou de ton, plus adaptée aux journaux d'expression entièrement gérés par les élèves. Pas plus que le journaliste professionnel n'attend de son journal la possibilité de déverser ses états d'âme à longueur de colonne. Il ne s'agit pas pour autant de censure, mais d'une adaptation des contenus à la vocation du journal.

L'idéal, dans un lycée, serait de voir coexister plusieurs journaux, avec des vocations différentes. L'existence de sources d'information diverses, dans une communauté, a toujours été la condition d'une véritable démocratie, mais c'est malheureusement encore trop rare dans les lycées.

C'est parfois dans le journal « officiel » que l'on apprend le métier, pour l'exercer ensuite plus librement. *Synchronie,* par exemple, était le journal d'un lycée alsacien dont il constituait la vitrine officielle. L'équipe d'élèves qui y participait a créé en parallèle *Synchro-pirate* (« le vilain petit canard de la Mère Moz »), pour se défouler et goûter aux joies d'une parole libre et même clandestine. Ceux-là avaient le pluralisme dans la peau ! *Banzaï* est né dans un collège parisien, d'une scission du journal de l'établissement, *La Cerise.* La cohabitation a été très bien acceptée de part et d'autre.

Quant à Corentin Cottineau, il a suivi la démarche inverse. Quand il s'est senti assez aguerri avec son *Fote d'Orthographe,* il a décidé d'impulser le lancement d'un journal plus officiel dans son établissement : *CQFD,* dont il admet parfaitement qu'il ne fonctionne pas sur les mêmes critères. Le n° 236 de *Fote* a accueilli en dernière page une BD signée Bettina et Lucile, à propos de Saddam Hussein : « Les aventures de Lassahl Halhen », dont il nous était annoncé qu'elle avait été censurée dans *CQFD* par la direction du collège !

Mettez au point une formule

Une liasse de feuilles de papier agrafées, un article, une illustration et un titre par page, ne constituent pas un journal, même si la couverture est très jolie. Avant même d'écrire quoi que ce soit, il vous faudra trouver l'âme de votre journal. Mieux vaut savoir avant à qui le journal sera destiné, quels seront son format et sa périodicité.

Bien sûr, vous trouverez toujours quelques admirateurs inconditionnels qui liront de A à Z tout ce que vous aurez écrit, pour vous faire plaisir. Ils ne se montreront pas avares en compliments, eu égard au gros travail que vous aurez fourni. Ce public-là existe, mais il est rare, et il est peu probable que ce soit votre unique cible. Alors, si vous souhaitez développer chez votre lecteur un intérêt pour le journal lui-même, il serait bon de définir une « formule » qui tienne compte de ce lecteur.

Voici quelques-unes des données que vous aurez à définir pour constituer votre formule.

• *Le statut*

Serez-vous un journal déclaré officiellement et vendu en bonne et due forme à l'extérieur du lycée ou un petit canard informel et pirate ; fonctionnerez-vous en club presse dans le cadre du foyer, ou en association loi 1901, ou encore en groupe indépendant ?

Constituerez-vous une équipe restreinte — de 2 à 10 personnes environ — qui se partage les responsabilités et participe collectivement aux prises de décision ? Préférerez-vous un fonctionnement plus ouvert — sur l'ensemble d'un établissement — avec des responsabilités plus réparties autour d'un noyau dur? (Voir « Financer, animer, vendre », page 83.)

• *Le lectorat*

C'est le plus important. A qui va-t-on s'adresser? Au début, on peut ne pas être trop précis, mais il faut être bien d'accord sur le public à toucher. Exemples : les élèves du lycée, la population du quartier, la communauté scolaire (parents, professeurs, élèves, administration), les lycéens de la ville, les jeunes du quartier, et pourquoi pas les enfants des écoles ou les personnes âgées du canton. Il est clair que l'on ne fera pas le même journal pour ces divers publics !

On peut aussi admettre que l'on visera ce lectorat en priorité, mais que d'autres personnes pourront s'intéresser éventuellement au journal.

• *Le projet rédactionnel*

Il est indissociable du lectorat. Donnerez-vous dans l'humour, le documentaire ou l'investigation journalistique? Le journal sera-t-il généraliste ou spécialisé?

C'est à partir des réponses à ces questions que vous déterminerez votre personnalité, le contenu et les rubriques. (Voir « Qu'est-ce qu'on va mettre dans le journal? », page 39.)

• *Le tirage*

C'est le nombre d'exemplaires que vous produirez pour chaque numéro. Il est évidemment lié au public visé, mais il dépend des efforts que vous mettrez en œuvre pour diffuser votre journal.

Le tirage peut évoluer d'un numéro à l'autre. Soyez modeste dans vos prévisions pour le premier numéro! Il est bien meilleur pour le moral d'avoir à envisager un retirage parce que le journal s'arrache que de crouler sous les invendus dont on aura pourtant payé la fabrication. Sachez également qu'un numéro 1 se vend toujours mieux qu'un numéro 2 : vous n'échapperez pas à l'attrait de la nouveauté.

• ***La diffusion***

Ce terme désigne le nombre d'exemplaires effectivement vendus ou remis à des lecteurs (nombre inférieur ou égal au chiffre du tirage). On désigne également par « diffusion » le mode d'action que vous aurez choisi pour vendre votre journal. (Voir « Financer, animer, vendre », page 83.)

• ***Le format***

Tout est possible, à condition d'adapter celui-ci à la vocation du journal. Certains fanzines ne sont pas plus grands qu'une carte de crédit ; ce sont des petits objets dont on tourne les pages rapidement et qui tiennent dans une poche.

Le plus courant est le format normalisé A4 (21 x 29,7 cm). Il présente l'avantage de pouvoir être obtenu par le pliage en deux d'une feuille grand format (A3 : 42 x 29,7 cm) et donc de permettre un assemblage facile des pages, sans agrafes. Il convient très bien au style magazine et à une mise en page attractive, sans difficultés majeures. C'est aussi le format le plus facile à traiter avec un logiciel de PAO. (Voir « Adaptez-vous à vos moyens techniques », page 73.)

Le format normalisé A3 (non plié) convient bien à des journaux d'information de type « quotidien » (même s'ils ne paraissent pas tous les jours), avec une mise en page en pavés et des titres de valeurs différentes. Ce format donne aussi plus d'espace à une expression graphique puissante ou à une mise en page osée, mais il demande un peu d'expérience pour l'utiliser avec bonheur. Attention, la manipulation en est plus difficile et vous ne trouverez pas facilement de papier de format double A2 (42 x 59,4 cm) pour l'utiliser plié en deux.

Si vous faites appel à un imprimeur, contactez-le avant de choisir un format. Il vous proposera peut-être des solutions économiques en fonction de ses disponibilités en papier ou des possibilités des machines.

• ***Le papier***

Vous n'aurez peut-être pas le choix, surtout si vous tirez en photocopie. Mais si vous faites un tirage offset, vous aurez à vous déterminer sur le grammage et l'aspect du papier. L'imprimeur aura peut-être, là aussi, des propositions intéressantes à vous faire en fonction de ses stocks. Pensez à l'effet produit : un beau papier pelliculé, épais, fait très luxueux et convient bien à une plaquette promotionnelle d'une marque de parfum, mais pas tellement à la couverture d'un journal où l'on privilégie une certaine liberté de ton. Un couché mat moins lourd serait plus adapté.

Vous pourrez prendre un papier plus fort pour la couverture, mais attention, vous risquez de lui donner un aspect plus « revue » ou même « livre », et un peu moins journal, dont la prise en main doit être souple. La qualité du papier crée aussi un certain rapport avec le lecteur et il faut en tenir compte.

• *La pagination*

Elle dépend, bien sûr, du volume d'articles que vous êtes disposé à produire, mais aussi des contraintes techniques. Le nombre de pages sera un multiple de deux, quatre, huit ou seize, selon votre mode d'assemblage ou les indications de l'imprimeur.

Par ailleurs, devant une production importante, vous aurez peut-être intérêt à privilégier une parution plus fréquente plutôt qu'une trop grande pagination : multiplier les rendez-vous avec les lecteurs est aussi un moyen de les fidéliser.

En moyenne, le nombre de pages des journaux lycéens va de quatre à une soixantaine.

• *La périodicité*

On trouve de tout. Du quotidien au bisannuel. Deux fois par an, c'est une limite, surtout si l'entreprise ne dure qu'un an ! Une parution annuelle ne peut décemment pas s'appeler journal.

Le quotidien (mais alors, juste une feuille !) existe, mais il est le fruit d'une production intégrée au travail scolaire. En deux ans, les enfants de l'école de Bouzincourt (Somme) ont produit 202 numéros du *Boutd'feuille,* soit 4 par semaine scolaire.

Le trimestriel est courant et semble correspondre à la périodicité selon laquelle on éprouve le besoin de s'exprimer dans les établissements scolaires. Par mimétisme avec les conseils de classe ? Certains trouvent le souffle pour produire un mensuel, mais il faut une équipe solide. L'hebdomadaire ne peut s'envisager qu'avec une structure adaptée de l'établissement : *Langevin Gazette* paraît toutes les semaines au collège Langevin d'Avion (Pas-de-Calais), mais il fait partie du projet pédagogique du collège.

Vous pourrez faire un numéro 0 : une sorte de test, à faible diffusion, pour voir ce que ça donne et comment ça se lit. Quitte à réutiliser les meilleurs articles dans le vrai numéro 1.

• ***Le titre***

Choisissez-le bien, une fois pour toutes, il sera la vitrine du journal et devra refléter vos intentions. Commercialement parlant, lorsque vous aurez fidélisé vos lecteurs sur un titre, il sera difficile d'en changer !

Mieux vaut ne pas non plus demander au lecteur de mener une enquête pour comprendre la subtilité d'un jeu de mots uniquement réservé aux cinq ou six initiés de l'équipe de rédaction. Cela dit, personne n'a jamais su pourquoi *La Chaussette hongroise* s'appelait ainsi. Mais le petit côté ésotérique de son contenu s'accommode très bien d'un titre un peu mystérieux, doublé d'un raccourci pour les habitués : *La Chong.*

Le Cannibale devra tenir ses promesses et se montrer « mordant » à l'intérieur ! *Franklin d'œil* devra assurer question humour. *Les Nouvelles de Giac* ou *Moyen Quartier* devront être bourrés de renseignements pratiques sur la vie de l'établissement ou du quartier. Quant à *Arsenic, Penthotal* ou *Débandade,* ils nous préparent au pire et ne devront pas nous décevoir.

Quelques autres titres répertoriés : *Chou* (avec son supplément féminin : *Vieille et moche*), *Le Petit Monstre, Le Palpitant, Le Plumard* (« le journal qui se lit »), *La Pomme* (« le journal qu'on épluche »), *T'as pas cent balles, Le Castor déchaîné, Dur-Dur, Perret's Troïka, Sadi tout, Le Millefeuille, La Pince à linge, L.S.D.* (« Lundi, Samedi, Dursy »), *Silence on gratte, Noir sur Blanc,* etc.

• ***Le prix***

Vous l'indiquerez en clair sur le journal. Il faudra bien peser le poids de chaque franc demandé. Cela dépendra bien sûr du prix de revient de fabrication, mais pas seulement. Vous devrez prendre en compte les possibilités de votre lectorat potentiel et imaginer le prix qu'il sera prêt à payer par rapport aux services et au plaisir qu'il y trouvera, mais aussi à l'aspect, à l'épaisseur, à la qualité technique du journal.

La gratuité est une frilosité qui correspond souvent à une mauvaise analyse des comportements du lecteur, en prétextant que « tout le monde pourra nous lire ». En réalité, un journal gratuit est souvent assimilé à un prospectus et un peu méprisé en tant que tel. De plus cela peut entraîner une méfiance du lecteur : « Où ont-ils trouvé les sous pour faire ce journal ? », et c'est la réputation de votre indépendance rédactionnelle qui en prendra un coup !

Trouver le juste prix est très délicat. En moyenne, aujourd'hui, les prix vont de 5 à 15 francs. Ne sous-évaluez pas sa valeur, on ne vous prendra pas au sérieux et vous risquez de perdre des ventes par présomption d'amateurisme. Ne la surévaluez pas non plus, on risquera de vous trouver bien prétentieux, et vous perdrez aussi des ventes.

N'attendez pas, en général, de rentrer dans vos frais à partir des ventes uniquement. Bien peu de journaux, même professionnels, parviennent à ce résultat. Il vaut mieux chercher d'autres ressources financières (voir « Financer, animer, vendre », page 83) que de monter inconsidérément votre prix de vente. Après tout, l'important, c'est d'être lu par un maximum de gens.

CHAPITRE II

Composez votre équipe de rédaction

Vous avez maintenant défini les grandes lignes de votre formule et votre projet rédactionnel commence à prendre corps autour d'une équipe. Mais que vous soyez deux ou deux cents, il va falloir vous organiser et répartir les tâches en fonction des compétences.

Utilisez la diversité des talents

Dans un journal, vous aurez besoin de... journalistes. Ils formeront la base de votre équipe. Autour d'eux graviteront toutes sortes de collaborateurs — il faudrait plutôt dire de compétences — réguliers ou occasionnels.

• *Les journalistes*

Ce sont eux qui collecteront les informations et écriront les articles. Au début ce n'est pas facile, même si on est très bon en français. Parce qu'écrire dans un journal n'est pas du tout la même chose que de faire un rédaction ou une dissertation. Il vous faudra suivre les quelques conseils rédactionnels contenus dans ce guide, sous peine de voir vos lecteurs abandonner la lecture de vos géniales productions. Mais rassurez-vous, après avoir peiné quelque temps devant votre feuille blanche, vous découvrirez vite que la principale difficulté du journaliste est de « faire court » ! Vos journalistes pourront, mais ce n'est pas obligatoire, avoir une spécialité, notamment en fonction des rubriques qui seront décidées : un journaliste responsable du sport, de la littérature ou de la couverture humoristique des débats des conseils de classe, etc.

CRÉATEURS, SOYEZ LES BIENVENUS

Occasionnels ou réguliers, les créateurs seront les bienvenus dans vos colonnes. Sachez vous montrer accueillant avec les auteurs de BD, de poèmes, de nouvelles. Votre journal contribuera ainsi à la découverte de jeunes talents, et vous aurez peut-être la surprise, dans vingt ans, de pouvoir sortir de vos archives les premières lignes d'un prix Goncourt ! Mais surtout, l'expression artistique est un moyen fort de communication entre les individus. Ce poème sur la solitude, que vous a remis discrètement l'élève la plus timide de l'établissement, est bouleversant de sincérité. Ne passez pas à côté. Publiez-le. Qui sait, d'autres s'y reconnaîtront peut-être, et votre journal aura rempli son rôle de médiateur.

• ***Les dessinateurs et graphistes***

Si, par miracle, votre équipe dispose d'un dessinateur de talent, votre publication a toutes les chances de réussir. Savez-vous que la grande majorité des très sérieux lecteurs du journal *Le Monde* consomme, avant toute autre lecture, son petit Plantu quotidien ? Nous vivons dans un monde d'images, et nos yeux ont l'habitude de capter des messages visuels. Si en plus votre dessinateur est éditorialiste (comme un dessinateur de presse), il saura appliquer la devise : « Un bon dessin vaut mieux qu'un long discours », et faire en sorte que ses dessins soient plus que de simples illustrations.

Si vous avez plusieurs dessinateurs, vous partez gagnant à tous les coups. Et si, après un bilan approfondi des compétences de chacun, vous découvrez qu'aucun d'entre vous n'est décemment en mesure de fournir le moindre croquis publiable, « embauchez » un dessinateur. Lancez au besoin dans votre lycée une grande campagne de recrutement par voie d'affiche, il vous faut dénicher l'oiseau rare qui valorisera votre journal de son trait de génie.

Et si, malgré tout, vos recherches échouent, il ne vous reste que la possibilité de réutiliser des dessins existants en les arrangeant, les combinant, les transformant à votre style pour recréer une œuvre originale. Vous pourrez toujours faire valoir votre droit de citation ! (Voir « Reproduire un article, un dessin, une photo », page 111.) Et même si vous outrepassez un peu le cadre de ce droit, on ne vous en voudra pas trop tant que votre publication garde une diffusion limitée.

- ***Les photographes***

Peut-être aurez-vous besoin d'un photographe, mais tout dépend de vos moyens de reproduction. Avec un procédé d'imprimerie offset, vous obtiendrez un rendu correct à l'impression, mais avec la photocopieuse, il faudrait faire preuve de beaucoup d'habileté pour passer correctement quelques photos bien contrastées. Dans ce cas, préférez les dessins !

- ***Les maquettistes et les metteurs en page***

Ils transformeront la matière brute (articles, dessins, photos) en un produit fini agréable à prendre en main, à feuilleter et à lire.

Le maquettiste conçoit l'organisation visuelle de l'ensemble des pages, et le metteur en page réalise concrètement le montage définitif de chacune des pages, avant impression. Leur travail, à l'écran ou sur papier, dépend directement des moyens techniques dont ils disposent (voir page 73), et sera toujours précédé d'une étape de « saisie » des textes sur ordinateur ou machine à écrire. Il s'agit d'une tâche très gratifiante pour ceux qui ont un peu de sens artistique et du goût pour la chose imprimée. Attentifs au contenu, ils devront y adapter une forme valorisante qui incitera à la lecture.

- ***Les techniciens de fabrication***

Certains d'entre vous assureront un rôle de technicien dans la reproduction et le tirage du journal. Soit pour traiter avec l'imprimeur si vous avez recours à un professionnel, soit pour s'initier eux-mêmes à quelques notions d'imprimerie si vous avez accès à une petite machine offset. Soit enfin pour manipuler correctement les rectos-versos si vous tirez à la photocopie.

- ***L'équipe de vente***

Enfin, soignez vos vendeurs ! C'est de leur efficacité que dépend la pérennité de votre journal. Ce n'est qu'entre les mains de ses lecteurs que votre paquet de journaux imprimés prendra sa valeur. Alors prévoyez votre mode de diffusion. Choisissez parmi vous ceux qui ont le sens du commerce et des idées dynamiques d'animation et de promotion. Peut-être leur reviendra-t-il également la charge de démarcher pour trouver les quelques publicités qui soutiendront vos finances. A moins que vous ne préfériez désigner un responsable de publicité.

• ***Les responsables du journal***

Celui d'entre vous qui présente le plus de qualités d'organisation et de dynamisme, qui sera aussi reconnu par le reste de l'équipe pour ses compétences d'animation et de rédaction, assurera la charge de **rédacteur en chef.** C'est lui qui présidera les réunions de rédaction et c'est à lui que reviendra l'arbitrage sur les questions rédactionnelles. Il fera respecter le compte à rebours, relira tous les articles avant de les soumettre à l'approbation de l'équipe. Il suivra l'évolution du journal dans toutes les étapes de sa réalisation et relancera, au besoin, l'auteur d'un article en retard, quitte à lui donner quelques idées.

Responsable de l'organisation de la rédaction, le rédacteur en chef peut être, ou non, la même personne que le **directeur de publication,** responsable, lui, des contenus du journal vis-à-vis de la loi. Si ce n'est pas la même personne, le directeur de publication devra relire l'ensemble du numéro, avant reproduction, pour s'assurer qu'il est bien au courant et qu'il accepte tout ce que contient le journal.

Bien sûr, il n'est pas nécessaire d'avoir une répartition nominative pour chacune de ces responsabilités. Chacun peut assurer plusieurs tâches, qui peuvent être tournantes. L'important est de bien prendre conscience de tout ce qu'il y a à faire. Et puis vous avez peut-être repéré un professeur, un surveillant ou même un parent tout disposé à vous donner un coup de main. Vous sentez que son aide peut être bénéfique et vous décidez d'en tirer parti. Vous pouvez très bien utiliser ses conseils sans lui confier la responsabilité de l'arbitrage des choix de la rédaction. Ou bien vous l'acceptez, au moins pendant un temps, comme rédacteur en chef ou directeur de publication, et vous acceptez son arbitrage dans la prise de décision. L'important est que le contrat soit clairement établi entre les différents participants de l'équipe.

L'organisation des réunions de rédaction

Les réunions de rédaction servent à donner vie au contenu du journal. Les grandes décisions y sont prises, aussi sont-elles en général très animées et donnent-elles lieu à des discussions vives, voire à des franches rigolades. On ne s'y ennuie jamais. Leur forme dépend bien sûr de la taille de l'équipe, de la périodicité, et de la personnalité du journal. Sans constituer un modèle, voici comment elles peuvent se succéder entre deux numéros.

• ***Réunion de démarrage d'un numéro***

Elle s'articule en trois points :

1. Critique du numéro précédent (ce que chacun en pense, les remarques qui ont été entendues dans l'entourage, et les conséquences à en tirer pour l'avenir). Peut-être conviendra-t-il de modifier une rubrique, de prévoir un rectificatif ou de veiller à ménager un peu d'aération dans la mise en page.

UNE ÉQUIPE OUVERTE OU FERMÉE ?

Faut-il avoir une équipe de rédaction fermée ou peut-on l'ouvrir à des collaborations exceptionnelles ?

Il s'agit effectivement d'une question à éclaircir au moment de la constitution du projet. Si le journal est appelé à s'ouvrir à de nombreux collaborateurs, il est bon de prévoir une équipe à plusieurs niveaux :

1. Le comité de rédaction : quatre ou cinq personnes, rarement plus de dix, autour du rédacteur en chef et du directeur de publication. Le comité participe à toutes les décisions.

2. L'équipe de rédaction comprend tous les collaborateurs habituels et participe aux principales réunions de rédaction.

3. Les collaborateurs occasionnels, sollicités ou spontanés, fournissent de temps en temps des articles, mais ne participent pas aux réunions.

2. Propositions de sujets : chacun va s'exprimer librement et proposer des sujets, soit en fonction d'informations dont il dispose déjà, soit sur ce qu'il souhaiterait voir traiter par quelqu'un.

3. On note toutes les idées et, à la fin, on sélectionne les meilleures ou les plus réalisables. On établit ainsi un « menu » provisoire. Chacun repart avec un travail. Une enquête à mener, un reportage, une interview à faire, des documents à chercher ou des articles à solliciter auprès d'une personne compétente. Le rédacteur en chef doit savoir, à la fin, qui fait quoi avant la prochaine réunion.

- ***Réunion en cours de rédaction***

A ce stade du travail, elle se divise en quatre points :

1. Chacun présente l'état de ses recherches ou les articles écrits ou en cours. On n'hésite pas, à ce moment-là, à faire part de ses difficultés, de pistes que l'on préfère abandonner, ou de nouvelles idées qui semblent meilleures. Il est important que chacun puisse réagir, donner des idées sur les propositions des autres.

2. Le rédacteur en chef présente ce qu'il a en réserve : articles, dessins, poésies, ou autres, reçus depuis la dernière réunion. Il sollicite également les propositions pour la couverture.

3. On établit un menu plus précis, puis on construit le « chemin de fer ». (Voir « Concevez une maquette », page 63.) Ce qui permettra à chacun d'avoir une idée plus précise sur l'espace dont il dispose pour son article dans le journal.

4. On fixe définitivement la date du bouclage pour remettre la copie.

- ***Réunion de bouclage de la copie***

C'est la phase ultime ; elle se déroule en deux temps :

1. Chacun remet ses articles rédigés au rédacteur en chef. Sachant qu'il sera relu, corrigé et complété par des éléments d'habillage (voir « Si vous voulez écrire comme les journalistes », page 51) au niveau du secrétariat de rédaction.

2. Celui-ci fait le point des articles et on vérifie collectivement que l'ensemble est bien cohérent. On établit alors le chemin de fer définitif.

UNE RÉUNION DE RÉDACTION

Atmosphère informelle et travail intense pour cette réunion un peu exceptionnelle de la rédaction du journal *Le Mur.*
Ce jour-là, pour nourrir la réflexion sur l'évolution du journal, on avait invité un journaliste professionnel. Ce fut l'occasion d'une séance d'« autoformation » passionnante et très profitable à l'équipe du *Mur.*
C'est en observant la presse qu'on apprend à aiguiser son sens journalistique. Il est toujours très instructif de comparer et d'analyser le traitement de l'information dans différents titres. Et les idées peuvent naître en examinant les modes d'écriture et de mise en page de divers quotidiens et magazines.

• ***Réunion de secrétariat de rédaction***

C'est le moment délicat où l'on va passer des textes bruts à la mise en page. A ce stade, il faut prévoir un travail de relecture, en comité restreint, avec le rédacteur en chef, pour assurer la tâche de secrétariat de rédaction. Les maquettistes devront être présents, car c'est à ce moment-là qu'on leur passera le « bébé ». Il faudra corriger, faire des titres, des légendes ou des chapeaux et vérifier l'encombrement des articles en fonction de la maquette.

Si le journal est gros, il faudra peut-être plusieurs séances de travail. Les maquettistes sortent de la réunion avec une idée précise du journal à réaliser.

Le bon à tirer

Les maquettistes présentent leur réalisation au rédacteur en chef, ou au comité restreint, ou encore, et c'est plus ouvert, à l'équipe tout entière.

Après avoir tout vérifié, le rédacteur en chef (ou le directeur de publication, si ce n'est pas la même personne) signe le « bon à tirer », qui marque le début des opérations d'impression (ou de reproduction en photocopie). C'est par cette signature sur le montage (voir page 77) qu'il engage sa responsabilité sur les contenus du journal. Le BAT est aussi un contrat avec l'imprimeur et sert de preuve en cas de litige.

Le planning

Le planning, ou compte à rebours, est un cadre bien utile au rédacteur en chef. En effet, tous les gens de plume le savent, on est toujours en retard quand il s'agit d'écrire. Que l'on prévoie un planning large ou serré, on utilise le temps jusqu'au dernier moment. Alors, si l'on n'a pas une date butoir, ça risque de traîner longtemps...

Pour un mensuel reproduit en photocopie, on peut envisager un planning organisé sur la base d'une réunion hebdomadaire. Le compte à rebours pourrait alors s'établir selon le calendrier présenté dans le

PLANNING POUR UN MENSUEL

Réunions	Numéro précédent	Numéro du mois	Numéro suivant
J – 35		Réunion de lancement	
	Bon à tirer, photocopie, assemblage, sortie	Collecte de l'information, écriture	
J – 28	Critique du numéro Organisation de la diffusion	Réunion de rédaction	
	Vente-diffusion	Écriture, saisie des textes	
J – 21	Bilan des ventes	Réunion de rédaction	
		Écriture, saisie, Illustrations, couverture	
J – 14		Réunion de bouclage copie	
		Fin de la saisie Secrétariat de rédaction	
J – 7			Réunion de lancement
		Montage des pages	Collecte de l'information, écriture
J – 4 Comité restreint		BAT	
		Photocopie, assemblage	Écriture, saisie des textes
J		**Sortie du journal** Critique du numéro Organisation de la diffusion	Réunion de rédaction

tableau reproduit à la page précédente, en commençant cinq semaines avant le jour J, qui est le jour de la sortie du journal.

Dans un mensuel, et encore plus dans un hebdomadaire, on travaille souvent sur plusieurs numéros à la fois. C'est rarement le cas pour un trimestriel. Si vous faites appel aux services d'un imprimeur, il faudra inclure dans le compte à rebours les délais qu'il vous demandera.

CHAPITRE III

Qu'est-ce qu'on va mettre dans le journal ?

Vous avez bien défini votre équipe, votre style, vous avez une idée de votre fonctionnement et même vous commencez à imaginer un planning en accord avec la périodicité la plus adaptée à votre genre. C'est déjà un grand pas, mais, maintenant, qu'allez-vous mettre dans ce super petit canard pour qu'on se l'arrache dans les intercours et qu'on vous supplie d'en augmenter le tirage ?

Si vous voulez faire comme les journalistes, chaque fois que vous écrirez un article, vous aurez en tête non seulement le sujet, mais aussi la rubrique où il trouvera place, le genre et l'angle de traitement.

Trouvez vos sujets : votre journal est unique

C'est votre créativité et votre imagination qui vous guideront. Tout est bon du moment que ça apporte quelque chose, plaisir ou information, à votre public. Le mieux serait de trouver des sujets que personne ne traitera ou, du moins, pas comme vous. Si vous voulez parler de la violence dans les banlieues, ce ne sera sûrement pas comme le feraient la télé, le quotidien régional ni même comme *Le Canard enchaîné.* Ce que votre public attend c'est de savoir comment des jeunes lycéens se sentent — ou non — concernés par cet événement. Quand *Fote d'Orthographe* nous annonce en gros titre : « Rocard démissionné par Mitterrand », ce n'est certes pas pour nous apprendre la nouvelle, mais pour nous faire savoir comment cela le fait réagir. En revanche, lorsque *Le Petit Monstre* nous propose une enquête sur l'arnaque des jeux de hasard (Loto, Tiercé, Tacotac), il a sûrement des informations inédites à nous faire découvrir !

• ***La loi de proximité***

Il existe une loi journalistique que l'on appelle « loi de proximité ». Le cynisme médiatique l'a affublée d'un autre nom : loi du mort kilométrique. En clair : l'importance du nombre de morts est inversement proportionnelle au nombre de kilomètres qui nous séparent de ceux-ci. Deux morts dans sa propre rue sont beaucoup plus intéressants que vingt mille victimes au Soudan, pays que la plupart des gens ne savent même pas placer sur une carte.

L'interprétation peut paraître simpliste, mais il suffit de comparer la taille des titres de journaux pour la vérifier. A une grosse nuance près : les kilomètres en question représentent une distance symbolique. La proximité qu'éprouve un lecteur vis-à-vis d'une information peut être affective, sociale, morale, temporelle ou professionnelle, indépendamment de la distance réelle : la guerre du Golfe a monopolisé l'attention du monde entier, parce qu'elle la concernait par des formes de proximité autres que spatiales. Ce principe, vous l'aurez toujours en tête. Non pas pour éviter de parler des morts oubliés du Soudan, par exemple, mais pour trouver les arguments, les faits qui toucheront vos lecteurs par un effet de proximité (affective, politique...). Et ce sont ces éléments que vous mettrez en valeur dans l'article.

LA PÊCHE AUX IDÉES

Questions à se poser en réunion de rédaction pour trouver des idées d'articles :

1. Qu'est-ce que les lecteurs vont avoir envie de trouver dans ce journal, à la date où il sortira ?

2. Quels sont les éléments de l'actualité sur lesquels notre journal peut proposer une vision originale et personnelle ?

3. Quels sont les débats, les centres d'intérêts, les polémiques sur lesquels nous avons envie de nous exprimer en ce moment ?

4. De quoi disposons-nous pour alimenter les rubriques régulières ?

RESPECTEZ LES FAITS

La pire critique que l'on puisse adresser à un journal, c'est de « raconter n'importe quoi ». Pour que cela ne vous arrive pas, gardez toujours une attitude de respect vis-à-vis des faits :

— véritiez vos informations : méfiez-vous des rumeurs et de l'à-peu-près. Soyez précis sur les faits ;
— lorsque vous souhaitez commenter des événements, présentez d'abord les faits, de manière précise et la plus neutre possible. Donnez votre commentaire bien distinctement. Et signez-le ;
— ne mélangez pas vos propos et ceux d'autres personnes, que vous rapportez. Utilisez les guillemets ;
— ne propagez pas des rumeurs en mêlant des faits vrais à d'autres fantaisistes, sans donner au lecteur le moyen de faire la distinction.

Bien évidemment, ce principe ne concerne pas uniquement les questions de nombre de morts ! Lorsque *Le Mur* (édité dans un lycée professionnel de bijouterie) mène l'enquête en Pologne, il va s'attacher à y rencontrer des jeunes lycéens, à analyser leurs conditions de vie et leurs états d'âme. Et plus particulièrement encore ceux des élèves d'une école de bijouterie ! Il a toutes les chances de rencontrer ainsi la proximité de ses lecteurs. Ce qui est presque un scoop dans *Le Mur* ne rencontrerait probablement que bien peu d'échos dans un autre journal.

• ***Les sujets sûrs***

Il y a des sujets sur lesquels vous aurez facilement quelque chose d'original et de personnel à exprimer. Et il se trouve que c'est souvent dans ce type de sujets que vous aurez le plus de chances d'être intéressant. Par exemple, **les sujets d'information générale :**
— l'actualité et les réflexions qu'elle vous inspire ;
— les grands thèmes de la vie : l'amour, la mort, l'univers, la drogue, la violence, la drague, les parents, etc. ;

— les phénomènes de société : la délinquance, les prisons, les abus sexuels, les médias, la superstition, les ovnis, etc. ;
— tous les débats d'idées, même vifs, qui feront du journal un forum où l'on argumente pour ou contre : la réforme de l'orthographe, la religion, l'injustice dans le monde, etc.

Tout ce qui concerne la vie de l'établissement : l'information interne représente une mine de sujets originaux qui ont toutes les chances de retenir l'attention. Cela peut aller de l'humour et de la dérision aux informations-service (les horaires d'ouverture du CDI, les décisions du conseil d'établissement, etc.). C'est la vocation et la personnalité de votre journal qui vous guideront.

Les interviews des nouveaux arrivants (professeurs, proviseur, agents, etc.) sont toujours pleines d'enseignements, à condition de savoir poser des questions judicieuses et adaptées au personnage.

N'oubliez pas les anciens élèves, ils peuvent être l'objet d'interviews passionnantes, notamment pour les élèves actuels.

• *A propos des critiques de professeurs*

Les bancs d'essai, critiques, dérisions et autres remises en question des professeurs, sont toujours très prisés et très délicats à traiter. L'humour sera toujours mieux accepté que le cynisme. L'attribution de trophées comme les Craies d'or (voir Avant-propos) a toutes les chances d'être très bien reçue.

En revanche, un article sérieux, de fond, non diffamatoire et non injurieux, qui dénoncera une situation injuste dans les relations professeurs-élèves, risque de provoquer un certain remous. Est-ce une raison pour ne pas le faire ? Non, bien sûr, mais vous prendrez certaines précautions qui vous rendront plus crédible pour instaurer un bénéfique débat interne :
— vous vérifierez ce que vous avancez ;
— vous resterez respectueux des personnes ;
— vous réfléchirez aux conséquences possibles que vous assumerez en signant votre article.

Soyez diplomate avec vos professeurs, ils craignent beaucoup la critique. Ils ont horreur de ne pas être aimés (comme vous !). Préparezles à ne pas prendre vos sarcasmes au pied de la lettre et à en rire avec vous. Surtout si vous n'avez pas l'intention d'être méchant. Rêvons : peut-être les préparerez-vous ainsi, à en faire autant à votre égard !

Cet encart perdu au milieu de la page 3 de *Version originale* est vraiment désolant : « Le journal a voulu faire un sondage sur les profs préférés des élèves, mais celui-ci ayant apparemment choqué le corps enseignant, il ne sera pas publié ». Mieux vaudrait chercher ensemble, élèves et professeurs, à créer un climat serein qui permette de ne pas en arriver là.

Créez des rubriques qui accrochent

Lorsque vous livrez 12, 20 ou 60 pages entre les mains d'un lecteur, il est peu probable qu'il commence par la première page pour finir par la dernière. Un journal ne se lit pas comme un livre.

• *Ouvrez des portes*

On commence par feuilleter, faire des choix. Tel se précipitera sur la rubrique « Sports », parce que c'est un mordu, tel autre sur la rubrique « Vie du lycée » parce qu'en ce moment l'ambiance est morose. Il faut aider le lecteur et lui proposer diverses portes à ouvrir. C'est le rôle des rubriques. On les retrouvera, avec une certaine régularité d'un numéro à l'autre, mais en souplesse. On peut créer de nouvelles rubriques, en supprimer et leur donner des espaces variables. La solution « une page = une rubrique » est très contraignante et donne une impression de rigidité.

Les très classiques « Actualité », « Humour », « Opinions », « Culture » sont bien sûr utilisables, mais on peut aussi faire preuve d'originalité dans les intitulés.

• *Les grands dossiers*

Certains de vos journaux pratiquent le « grand dossier », sur un thème général, en plus des rubriques habituelles. Très documenté et traité en plusieurs articles selon des angles et des genres différents (voir ci-dessous), le dossier constituera bien sûr la vitrine du journal. Il sera annoncé sur la couverture et largement exploité pour la promotion du numéro. Il peut s'agir de grands thèmes comme l'amour, la drogue, la délinquance, mais aussi de sujets plus pointus comme le Loto *(Le Petit Monstre)* ou même le scanner en milieu hospitalier, comme le propose *Le Petit Reporter.*

Un dossier ne doit jamais être traité uniquement sur des sources documentaires, mais être toujours accompagné d'enquêtes sur le terrain.

• ***Les rendez-vous***

Imaginerait-on une maison sans cuisine, sans W-C ou sans placards, avec seulement des pièces principales ? C'est un peu la même chose dans un journal, en plus des grands articles il peut être intéressant de donner rendez-vous à ses lecteurs dans des endroits bien balisés, repérables d'un numéro à l'autre et où ils savent quel genre de cuisine on va leur servir. Ce sont les rubriques régulières souvent faites d'articles courts, bien personnalisés. Ce sont d'ailleurs parfois ces rubriques « rendez-vous » qui assurent la réputation du journal. L'originalité du titre de la rubrique et de sa mise en page en complétera la notoriété. En voici quelques exemples relevés dans des journaux lycéens :

— « Kilécon, le niais du mois » (portrait... défavorable d'une personnalité de l'actualité), dans *Fote d'Orthographe ;*

— « la solitude, ça n'existe pas » (petites annonces), dans *Débandade ;*

— « livret scolaire » (des notes sont attribuées chaque mois à divers événements de l'actualité ; exemple : 5/20 à la pollution des idées dans les médias), dans *Arsenic ;*

— « le bêtisier » (recueil des âneries produites par les élèves dans les cours ou dans les copies), dans *Le Petit Reporter ;*

— « le prof mystère » (chaque mois la photo d'un professeur dans son enfance, accompagnée d'une petite interview-portrait-mystère, devinez qui est-ce ?), dans *Le Mur.*

C'est d'ailleurs à l'occasion de ces rubriques que vous provoquerez la

La « une » du journal du collège de Buxy (Saône-et-Loire), réalisé par une quarantaine d'élèves de la 6e à la 3e.

participation de vos lecteurs. Posez-leur des questions, suscitez leurs réponses et... prévoyez une boîte à lettres pour les accueillir.

De plus, il y a des petites rubriques ou mentions indispensables comme le sommaire et l'éditorial. Les oublier serait un mépris pour le lecteur. Il ne faut pas manquer de dire bonjour, de se présenter et d'aider ses hôtes à se repérer dans le labyrinthe des pages.

Et si vous faites un journal d'établissement, il y aura une multitude de petits rendez-vous pratiques, nécessaires pour remplir votre rôle : réunions, calendriers, etc.

Variez les genres : un grand pas vers le professionnalisme

Vous avez décidé d'écrire un papier sur la pratique du football dans votre canton. Vous vous installez devant votre feuille blanche, et voilà, ça ne vient pas, pourtant vous êtes sûr que c'est un sujet qui va passionner les foules.

Tout simplement, vous n'avez pas décidé dans quel genre vous deviez le traiter.

• *La palette des genres*

On appelle genre journalistique ce qui caractérise le moyen de collecter de l'information, lié à son mode d'écriture ou de réalisation. Les journalistes les distinguent bien les uns des autres. En voici les principaux :

◦ *Le compte rendu*

Il rapporte un événement (audience de tribunal, par exemple), fait état d'un spectacle, d'un ouvrage... Le journaliste rend compte sous la forme d'un récit, dans un style synthétique, il fait connaître.

◦ *Le reportage*

Il constitue le genre journalistique par excellence. Il s'agit de rapporter des informations collectées au plus près de l'événement, dans le temps comme dans l'espace. Le reporter doit s'imprégner au maximum d'un sujet : il est dans l'événement, faisant jouer tous ses sens perceptifs. Son mode d'écriture sera donc très descriptif, utilisant un vocabulaire coloré, qui donne à voir au lecteur. Celui-ci doit avoir l'impression d'y être.

o *L'interview*

Elle consiste à interroger quelqu'un de représentatif d'un sujet, ou tout au moins quelqu'un dont les propos sont censés être significatifs. Ce genre fait appel au langage parlé et à la spontanéité. Il est explicatif et donne à entendre.

o *L'enquête*

Elle recourt à ces trois genres. C'est plutôt l'artillerie lourde qui vise à cerner un sujet de manière approfondie, à faire le point sur une question. Voir, entendre, comprendre.

o *Le billet*

C'est un article d'humeur, qui se veut souvent d'humour. Genre périlleux par excellence, il mélange légèreté et gravité, dans un style elliptique. Il interroge en donnant à réfléchir.

o *L'éditorial*

Il donne le point de vue de l'éditeur et même celui du journal ; on dit donc qu'il engage la rédaction. C'est l'écrit plutôt officiel qui donne à penser en tirant plutôt vers l'avenir.

A côté de ces genres principaux, il existe d'autres modes d'écriture journalistique, dérivés de ceux-là :

o *La brève*

C'est une information sans titre sur un fait d'actualité, répondant en un minimum de mots aux questions de référence. (Voir encadré « Les questions à se poser », page 56.) Les brèves sont souvent servies en série, sur une colonne par exemple.

o *La critique*

Elle rend compte d'un spectacle ou d'un ouvrage à propos duquel l'auteur donne son avis sur l'intérêt ou la qualité.

◦ *Le portrait*

Il dessine la personnalité de quelqu'un en utilisant souvent les éléments d'une interview.

◦ *La chronique*

C'est un rendez-vous régulier, soit autour d'un même thème, soit sous une même signature.

Alors, cet article sur le football local, s'agira-t-il d'un reportage sur l'entraînement de l'équipe sélectionnée ; d'une enquête sur le foot « sport de masse », avec chiffres, statistiques et perspectives politiques ; d'une brève sur la prochaine rencontre ; d'une critique de celle qui vient d'avoir lieu ou d'un billet d'humeur d'une fille lassée de devoir applaudir son petit ami tous les dimanches au stade ?

Comme vous le voyez, il y a le choix. Alors surtout, n'hésitez pas, utilisez tous les genres. Un journal qui ne serait fait que de reportages serait lassant, s'il n'y a que des comptes rendus ce sera carrément décourageant. Et le lecteur risque de se sentir agressé s'il ne trouve que des billets d'humeur !

• *Les genres délicats à traiter*

Intéressants mais complexes, utiles mais souvent ennuyeux, certains genres méritent qu'on soigne particulièrement la forme.

◦ *Les documentaires*

La fabrication des poubelles en plastique, l'histoire de mai 68, ou la vie et l'œuvre de Léonard de Vinci sont des sujets passionnants. Mais pour les traiter dans un journal, il faudra pouvoir les relier à l'« ici et maintenant » : Vous habitez à côté d'une usine qui fabrique des poubelles ? Faites un reportage, faites parler les gens, décrivez l'environnement et les détails marquants, mais ne vous contentez pas de reproduire le dépliant qui explique la chaîne de fabrication !

Votre oncle était sur les barricades et votre voisin dans les CRS, en mai 68 ? Interrogez-les tous les deux, retrouvez des slogans d'époque, mais ne transformez pas votre journal en livre d'histoire, ce n'est pas son rôle. Quant à Léonard de Vinci, vous trouverez certainement quelqu'un qui saura en parler avec passion.

○ *Les comptes rendus de voyage scolaire ou de réunion*

S'il est un genre que les journaux un peu trop scolaires affectionnent particulièrement, c'est bien le compte rendu. Pourtant, c'est le plus difficile à traiter si on ne veut pas être ennuyeux. En caricaturant, mais pas tellement, cela donne parfois ceci :

« Notre voyage en Angleterre.

« Nous sommes partis à trois heures comme prévu, les accompagnateurs étaient très gentils, la traversée de la Manche était merveilleuse et nos hôtes vraiment très accueillants, etc. »

Il serait plus intéressant de produire effectivement un journal de bord, mais de n'en publier que les extraits marquants. Et pourquoi pas de construire tout un dossier sur le voyage avec des papiers d'un genre plus journalistique : des enquêtes, des interviews...

Un compte rendu du conseil d'établissement peut être remplacé avantageusement par un court encadré sur les décisions prises, un billet d'humeur sur les moments forts (mémorable, le coup de poing sur la table du représentant des parents d'élèves !), et une interview-minute de quelques participants à la sortie de la réunion.

Pour s'en sortir, face à un sujet ardu, mieux vaut avoir recours à différents genres journalistiques, et travailler le dynamisme de son écriture. (Voir « Si vous voulez écrire comme les journalistes », page 51.) Un dernier remède contre l'article soporifique : les individus sont plus intéressants que l'institution qu'ils représentent, faites-les parler !

• *Choisir un angle : le secret du papier réussi*

Pour que votre sujet bénéficie au mieux du genre dans lequel vous voulez le traiter, ne cherchez pas à aborder tout d'emblée. Il serait prudent, pour ne pas écraser le lecteur, de savoir par où entrer. C'est ce que l'on appelle choisir un angle.

« Le ramassage scolaire » peut parfaitement faire l'objet d'une enquête. Mais si vous ne trouvez pas un angle qui concentre l'intérêt, vous risquez de vous contenter d'une fiche descriptive sur les conditions de fonctionnement des cars scolaires. Ce qui est fort utile, mais un peu insuffisant pour une véritable enquête.

Lorsque *Le Petit Reporter* titre : « La galère des bus », on sent tout de suite que l'angle est plus pointu. A partir d'un événement récent — une élève est envoyée en retenue à cause d'un retard de bus —, l'enquête va recueillir des témoignages d'élèves et d'un chauffeur de car, mettre au jour les mauvais fonctionnements de ces transports... et proposer des solutions.

De même si vous souhaitez écrire un billet d'humeur sur « la pollution », vous risquez de rester dans le vague ! Pourquoi ne pas aborder la question par les mutations des truites aux abords de l'usine chimique voisine, pour élargir ensuite au problème planétaire ?

C'est l'angle que vous choisirez qui fera toute l'originalité de votre article. Et dans un dossier sur un thème, vous choisirez des angles différents pour chaque article.

CHAPITRE IV

Si vous voulez écrire comme les journalistes

Ce qu'on appelle le « style journalistique » ne vous plaît peut-être pas. Les conseils suivants, que nous avons demandés à un journaliste, ne sont pas destinés à vous imposer un modèle. Le mieux serait, sans aucun doute, que vous trouviez votre propre style, celui que vous sentirez le mieux adapté à votre journal et à ceux qui le liront.

Mais en disant cela, ne venons-nous pas de poser les termes d'une bonne communication ? C'est cela d'abord, l'écriture journalistique : l'art et la manière de transmettre des messages d'un émetteur à un récepteur. On peut dire aussi : écrire pour être lu. Le talent, la plume, la patte, tout cela vous appartient. Techniques et conseils ne sauraient vous nuire. Sachez en faire votre miel...

Personne n'est obligé de vous lire

Fini le temps où le lecteur, assoiffé de nouvelles, se précipitait chaque matin sur son quotidien préféré ! De nos jours, l'« info » fuse de toutes parts, à toute heure du jour et de la nuit. Mais cette information-là demeure générale.

Et puis, le journal lycéen, c'est vraiment autre chose : on s'y exprime, on y goûte l'ivresse du verbe libre, du papier hors des sentiers battus, loin des préoccupations adultes. Autre chose, certes, mais jusqu'à un certain point. Car il faudra bien, au moment crucial de la vente, que le lecteur en ait pour son argent, comme pour la « grande presse ». Inutile de vous dérober à cette réalité sous prétexte que votre titre est gratuit : si votre lecteur ne paie pas de ses deniers, il n'en sera que plus exigeant en termes de satisfaction. Autrement dit, si vous ne vous souciez pas de ce fameux lecteur, si vous n'écrivez pas pour être lu, eh bien, à terme, vous ne serez pas lu !

On a beau être le seul journal du bahut, ce qui constitue un attrait évident, l'effet de curiosité s'émoussera vite s'il ne se transforme pas bientôt en intérêt réel. Le lecteur n'a pas à se sentir obligé d'acheter votre journal, surtout pas. Que cet acte, comme celui de la lecture, soit un geste libre, motivé par le désir d'être informé, le plaisir d'en apprendre de bien bonnes et de bien vraies, et, si possible, de bien envoyées.

Conseils pour écrire

Ils se résument à quelques données élémentaires et bien connues mais exigeantes.

• *Écrivez simplement*

C'est un souci vieux comme l'écriture, dès lors qu'elle se veut outil de communication. Au besoin, revoyez le toujours moderne La Bruyère : « Tout écrivain, pour écrire nettement, doit se mettre à la place de ses lecteurs [...]. Se persuader ensuite qu'on n'est pas entendu seulement à cause que l'on s'entend soi-même, mais parce qu'on est en effet intelligible. » *(Les Caractères.)*

Donc, attention au vocabulaire par trop « chébran », car on trouve toujours moins « câblé » que soi. Employez plutôt les mots simples, de tous les jours, qui ne laissent personne sur les tristes quais du rejet par l'ignorance. Si vous utilisez des mots codés, parce que vous exprimez ainsi votre appartenance à une collectivité, arrangez-vous pour livrer en même temps le décodeur. Alors là, oui, vous pourrez par le langage souder un groupe, une communauté.

Bien sûr, évitez aussi les mots pédants, compliqués, à sens multiples, donc ambigus ; souvent, d'ailleurs, il s'agira aussi de mots longs, difficiles à écrire et à lire. C'est toute une démarche qui se trouvera ainsi exprimée, selon que l'auteur cherchera le contact ou la distance avec son lecteur.

• ***Écrivez court***

Pas de pensums, pas de phrases interminables. N'imposez pas à vos lecteurs ce que vous n'aimez pas subir vous-même. La « bonne » phrase de journal excède rarement la vingtaine de mots. En cas de dépassement, alerte ! Voyez alors à bâtir deux phrases. Supprimez tout ce qui est pâteux, ampoulé, précieux. Enlevez le superflu, la graisse des conjonctions et autres formules inutiles (vous n'êtes pas sans savoir ; certes, direz-vous, cependant ; ce n'est pas sans surprise que j'ai constaté, etc.), bref, tout ce qui charge l'écrit d'ennui et le transforme en discours aussi creux que pompeux.

Privilégiez la forme active selon la structure classique de notre langue (sujet, verbe, complément) ; c'est celle qui établit la meilleure communication.

Recourez à l'indicatif et si possible au présent, qui sont les modes de la narration vivante.

Allez souvent à la ligne pour donner autant d'occasions de repos à l'œil du lecteur.

Et, pour autant, écrire simplement et court ne doit pas être synonyme de pauvreté. Donc :

• ***Écrivez riche***

Les mots justes à la juste place. Et des mots chargés de sens, imagés, qui donnent à voir, qui animent la lecture, la rendent plaisante et l'inscrivent dans la mémoire. Portez de l'attention aux verbes, qui musclent les phrases, leur donnent de la chair.

L'essentiel comme étoile polaire

Un autre point essentiel, c'est bien le mot, concerne précisément ce qu'on appelle le message essentiel. Voici comment le repérer : supposons d'abord que vous ayez terminé votre article. Demandez-vous alors quelle est l'idée la plus forte, celle que vous ne lâcheriez pour rien au monde. Ou bien imaginez que vous ne disposiez que de quatre lignes pour écrire la brève qui résumerait votre message essentiel.

• ***Valorisez le message essentiel***

Ayant ainsi isolé votre fameux « ME », vous ferez bien aussi de vous intéresser sur sa place dans votre article. S'il se trouve noyé dans la masse de vos lignes, autrement dit s'il n'apparaît pas dès les premières lignes, alerte ! Pourquoi ? Eh bien, parce que votre lecteur va sentir que vous le baratinez ; vous aurez cru le passionner avec votre prose — la plus belle de toute l'histoire de la presse —, et lui ne fera que s'impatienter en pensant, plus ou moins consciemment : « Mais où veut-il en venir ? Bon, ça vient ou quoi ? Allez, au fait ! »

Voilà l'enjeu : un lecteur de journal ne recherche pas du Proust ; il ne s'embarque pas dans la lecture d'un article comme dans un roman de 300 pages. Il veut bien courir un 100 mètres avec vous, pas un marathon. Surtout si vous ne le prévenez pas dès le départ. Auquel cas, il abandonnera bien vite.

Conclusion pratique (et provisoire) : si votre message essentiel se balade dans vos lignes ; s'il se trouve diffus, voire confus ou, catastrophe, carrément absent ; si, par malheur, vous l'avez réservé pour la fin en croyant ménager un irrésistible suspens..., alors revoyez d'urgence votre prose.

Conseils pour construire un article

Comment faire ? Restons dans l'hypothèse de départ : vous vous êtes jeté avec frénésie dans l'écriture. A l'arrivée, relevez la tête et demandez-vous : Qu'est-ce que je dis d'important, de nouveau, d'original, d'intéressant ? Et mon message essentiel, où l'ai-je placé ? Ai-je pensé à répondre aux « questions de référence » ?

Si ce n'est pas le cas, il est encore temps de rebâtir votre article, c'est-à-dire de le construire — ce que, dans votre exaltation, vous avez manqué de faire. Tant mieux après tout si la fougue l'a emporté ! Là, avec un peu de rigueur, un peu de technicité, vous allez lui donner plus de force encore en suscitant d'emblée l'intérêt de votre lecteur. Vous lui aurez annoncé « la couleur », vous le laisserez librement choisir de lire ou non votre papier ; et il vous sera reconnaissant de ne pas l'avoir piégé.

Construction, règle d'or : je mets l'essentiel en tête. De ce fait, je vais être amené, par exemple, à rejeter des types de plans que l'on m'aura pourtant appris à l'école. Ainsi le plan chronologique qui place le plus récent (souvent le dénouement d'une histoire, donc le plus intéressant) à la fin. Tandis que si je raconte la fin d'abord, j'aurai mis mon lecteur en condition de s'intéresser à fond à mon article, à ses subtilités aussi bien qu'à sa qualité formelle. De l'essentiel ainsi placé découlera, ensuite, un ordre spécifique, en fonction des détails, des précisions, ou même de la chronologie.

LA PYRAMIDE INVERSÉE

Préparez donc un plan! Classez vos idées, mais oubliez les modes introduction-développement-conclusion, ou thèse-antithèse-synthèse. Vous aurez en tête le schéma d'une pyramide inversée, qui fournit une trame de plan pour l'écriture de communication.

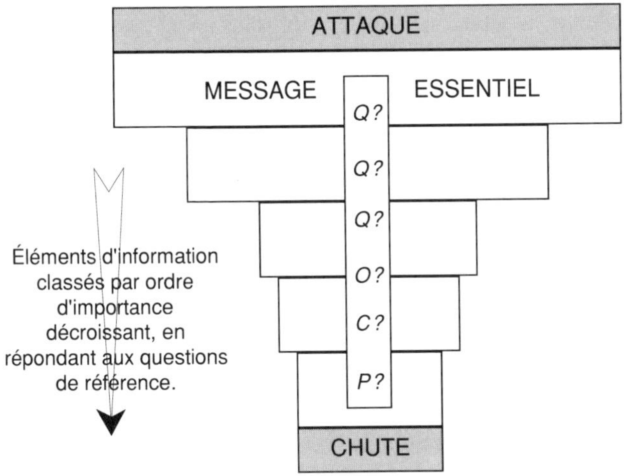

LES QUESTIONS À SE POSER

Six questions fondamentales permettent d'explorer tout le champ d'une information : Qui ? Quoi ? Quand ? Où ? Comment ? Pourquoi ? Autrement dit : « Q, Q, Q, O, C, P. »

Ce sont les questions — ou seulement quelques-unes d'entre elles, voire une seule — que chacun se pose à propos d'un fait. On les appelle « questions de référence ».

Informer, c'est chercher à répondre au mieux au maximum de ces questions.

QQQOCP, c'est aussi un moyen de dresser l'inventaire du contenu d'un article. Un pense-bête, en somme, pour ne pas oublier l'essentiel.

• *Vaincre l'angoisse de la feuille blanche*

Autre hypothèse : vous n'avez pas commencé votre article, et d'ailleurs vous ne savez pas par quel bout vous y prendre ; c'est la célèbre angoisse de la feuille blanche. Deux solutions :

— vous faites comme au *Canard enchaîné :* vous choisissez du papier bleu... ;

— vous prenez cinq minutes pour définir votre message essentiel ; c'est payant à tous les coups. Vous allez ainsi construire votre article et donc le rendre plus accessible au lecteur, en même temps que vous dépasserez les blocages du démarrage. Enfin, bénéfice supplémentaire, ô combien précieux : une telle démarche va aussi faciliter la recherche du titre, ce que nous verrons un peu plus loin.

Résumons : vous avez votre sujet, votre angle (voir le chapitre précédent) ; vous venez de cerner l'essentiel (le « ME »). Bien entendu, s'il s'agit d'un reportage, d'une enquête ou encore d'un compte rendu, à ce stade de nos conseils nous supposons que vous avez collecté l'information. Donc le contenu se trouve entre vos mains. On dira que vous avez « la matière ». Il va falloir la mettre en forme et, de la sorte, réaliser vraiment l'acte d'informer (*informare,* en latin, veut dire former, façonner, mettre en forme).

• Bien démarrer : l'attaque

Prenons un exemple. Vous devez écrire un papier sur le concert de rock donné la semaine dernière par un groupe de votre lycée. Vous pourriez commencer ainsi :

« Mardi 17 juin à 20 h 45, à la MJC des Aiglons, un public nombreux a assisté au concert de Satan mène le bal, le groupe de rock de notre bahut. Beau succès pour cette première qui fut donc une pleine réussite, etc. »

Vous voyez d'emblée le décalage avec votre public ; d'ailleurs ce n'est qu'un exemple mal intentionné car vous auriez évidemment procédé ainsi :

« Le délire, mardi soir, quand *Satan mène le bal* a embrasé la MJC du quartier ! Hurlement général de la foule en folie : voilà que Paulo, le chanteur du groupe, vient de se jeter sur le public. Il s'est pris pour Jim Morrison ! Personne ne s'y attendait, même pas ses copains qui, du coup, saisis par la peur, se sont arrêtés de jouer ! Mais non, Paulo avait réussi son atterrissage sur un matelas de mains tendues, etc. »

Donc, vous avez attaqué dans le vif du sujet. Double bénéfice : vous transformez un banal compte rendu en reportage et, du même coup, vous rapportez des images vivantes, dont la plus forte sera la plus représentative de l'événement ; c'est aussi l'image qui restera longtemps dans la mémoire de tous, et pas seulement des spectateurs mais aussi de vos lecteurs, qui auront l'impression d'avoir été (un peu) de la fête.

Ayant démarré sur ce moment fort, vous avez exprimé l'essentiel de votre information sur ce concert ; vous pouvez ensuite passer aux compléments, au besoin en reprenant la chronologie : « Pourtant, à 9 heures, la salle était encore à moitié vide. Puis ça s'est rempli. Et *Satan* s'est déchaîné, etc. »

• Bien finir : la chute

Un article, c'est comme l'envol de Paulo : un sacré coup d'élan pour démarrer, et une bonne chute. Gare à ne rien gâcher en cet endroit, ô combien sensible. C'est là qu'on prend congé avec son lecteur, en lui serrant la main avec son nom en signature. Il faut qu'il reste sur une impression forte. Par exemple, celle de l'attaque, mais autrement tournée : « [...] On s'en souviendra de notre Paulo Morrison ! La frayeur qu'il nous a causée ! Car personne n'avait oublié que, dix jours avant, au Printemps de Bourges, un musico s'était fracassé les os par terre : le public s'était écarté. »

Vous n'avez pas d'idées ? Tant pis, contentez-vous d'une fin. Cela vaudra mieux que de vous casser la figure dans une chute maladroite.

• *Si on cherchait un titre*

Profitons-en à chaud, engrangeons les bénéfices de l'attaque et de la chute. Pas question d'être en reste avec un titre banal, du genre : « Paulo a mené le bal à la MJC ». Mais attention aussi aux calembours vaseux (« Avec *Satan,* on s'attend à tout »), aux jeux de mots scabreux (« *Satan* vers l'infini »), aux rébus indécryptables (« Mon premier est diabolique, mon tout est *in the Doors* »). Que diriez-vous plutôt de picorer dans votre papier, du côté du ME, ou même vers l'attaque ou la chute ? Voyons : *Paulo Morrison,* eh bien oui, c'est bon ça ! *MJC des Aiglons,* oui, c'est sans doute à préciser... d'autant que ça peut aller avec *envol*... Essayons :

« L'envol de Paulo Morrison à la MJC des Aiglons »

ou mieux :

« Mardi à la MJC : Paulo Morrison a joué les aiglons »

ou encore :

« Mardi à la MJC : *Satan* s'est déchaîné...
et Paulo s'est pris pour Morrison ».

On pourrait trouver mieux encore, en s'y mettant à plusieurs, par exemple, dans une séance de remue-méninges. C'est un bon moment de créativité collective.

Le titre est la vitrine de l'article. On n'y apporte jamais trop de soins ; c'est pourtant lui qui va inciter à lire. De même que les quelques lignes de « chapeau » qui vont le compléter continuent à nous mettre en appétit. L'image aussi sera déterminante. N'oublions pas non plus les intertitres qui aèrent le texte et relancent l'intérêt du lecteur.

• ***Jouez sur les niveaux de lecture***

Image, titre, surtitre, sous-titre, inters et chapeau constituent ce qu'on appelle les premiers niveaux de lecture. C'est parce qu'ils sautent aux yeux qu'on décide de lire un article. Si on hésite encore, on interrogera par exemple l'attaque et la chute, on sondera quelques débuts de paragraphes, on lira sans doute la légende. Ce sont les seconds niveaux de lecture. Et il ne reste plus qu'à vérifier qu'on a opéré le bon choix.

○ *L'habillage*

Ainsi offre-t-on de nombreuses tentations de lecture ; c'est en quelque sorte comme du marketing ; il ne suffit pas d'avoir écrit un bon papier, encore faudra-t-il le vendre et, pour cela, bien l'emballer, bien le présenter. Les journalistes parlent alors d'« habillage ». On habille un article de sa titraille, de son illustration, de ses encadrés et de ses attributs typographiques — ce qui relève de la mise en page, comme vous le verrez plus loin.

○ *A propos des encadrés*

Soulignons à quel point ils sont importants dans l'écriture journalistique. En effet, ils permettent à la fois de ne pas mélanger plusieurs sujets ou plusieurs angles ; ils évitent les articles trop longs et ils mettent des sujets en valeur. Tout lecteur est friand de ces petits espaces attractifs qui se lisent rapidement.

L'interview

N'hésitez pas à publier des interviews. C'est la pratique journalistique par excellence. On préfère le mot anglais à entretien ou entrevue, qui n'indiquent pas vraiment le côté particulier de cette technique de métier.

Même si vous allez interroger quelqu'un de très savant, il saura trouver, si les questions sont bien posées, des mots et des tournures simples. Normal, puisque étant vous-même en face de lui, en communication directe, il sera attentif à la façon dont vous recevrez son message. Et s'il ne le fait pas vraiment, ce sera à vous de le ramener à la nécessité de simplifier, d'expliquer. Le bon journaliste joue dans l'interview un rôle plus actif qu'il n'y paraît à la lecture. D'abord, c'est lui qui choisit l'interviewé, le thème, ainsi que les questions. C'est lui qui en fera ensuite le tri. Enfin, il devra écrire et récrire l'ensemble.

• *Comment recueillir une interview ?*

La phase active commence même avant la rencontre proprement dite : une interview se prépare. Il faut se documenter, autant que possible, sur son interlocuteur et sur les sujets qu'on souhaitera aborder. S'il ne s'agit pas d'une personnalité connue, il faudra passer un moment à interroger son interlocuteur avec des questions larges afin de mieux le connaître. Mais l'interview proprement dite, celle qui sera censée intéresser le lecteur, ne commencera qu'après cette phase exploratoire.

Fondamental : avoir au préalable rédigé ses questions. Demandez-vous d'abord ce que vous espérez de votre interlocuteur. Soyez pertinent en posant des questions originales, inattendues, mais aussi informées — ce qui donne confiance à l'interrogé. Écrivez vos questions sur des petites fiches numérotées et séparées ; ainsi vous pourrez en changer l'ordre, car rien ne se déroule jamais comme prévu.

Vous pouvez enregistrer l'entretien avec un magnétophone mais procédez avec tact : ayez l'élégance d'en demander la permission à votre invité — ce qu'il vous accordera, bien sûr —, et n'allez pas aussitôt lui enfoncer le micro au fond de la gorge ! La technique doit s'oublier ; il faut savoir rendre l'entretien sympathique, amical.

Magnétophone ou pas, prenez des notes ! Vous éviterez la déconvenue de la panne : plus de piles, cassette oubliée, micro non branché, etc.

Le magnétophone, quand il fonctionne bien, est précieux comme mémoire ; mais sachez que le travail de décryptage vous prendra deux ou trois fois plus de temps que l'entretien lui-même. Après, il faudra couper les longueurs et peut-être réorganiser l'écriture.

Vous aurez un meilleur résultat en rédigeant l'interview d'après vos notes et en réservant l'écoute de la bande enregistrée pour les vérifications et les compléments, sans procéder au décryptage intégral.

• ***Comment rédiger une interview ?***

Comme toujours, pensez à votre lecteur. La cuisine interne ne l'intéressera sans doute pas. Éliminez tout ce qui concerne les préambules, les difficultés du rendez-vous, les détails qui n'ont pas de rapport direct avec le thème de l'entretien. Par exemple, enlevez ce genre de début : « Nous ne nous attendions pas à ce que le célèbre Léon Dugommier nous reçoive. Aussi, quelle ne fut pas notre surprise lorqu'il nous téléphona pour donner son accord! Mais voilà : par quelle question allions-nous commencer? [...] »

Demandez-vous aussi, au moment de rédiger, si la première question effectivement posée lors de l'interview est bien celle qui doit commencer l'article. C'est notamment le cas des questions qui ont pour but de « déblayer le terrain » ou de mieux faire connaissance avec son interlocuteur. Exemples : « Quel âge avez-vous? Où êtes-vous né? Quelles études avez-vous faites? Combien y a-t-il de membres dans votre club? [...] » Ce sont là des questions dites fermées car les

Interview d'Alain Bombard.
On enregistre, mais on prend aussi des notes...

réponses n'appellent pas, en général, de développement. On dit oui ou non, ou on livre un fait brut. On peut les poser mais il n'est pas utile de les reprendre telles quelles dans l'article ; on résumera plutôt les réponses dans un tout qui servira, par exemple, à alimenter la présentation du sujet et de l'invité.

Pour la bonne conduite de l'entretien, vous avez démarré par des questions dites ouvertes ; elles détendent l'atmosphère, qui peut parfois être solennelle : « Comment avez-vous commencé votre expérience ? Quelle a été votre plus grande émotion ? [...] » Lors de la rédaction, prenez soin de trier dans vos notes ce qui, là encore, constituera l'essentiel de l'entretien, son moment le plus fort, le plus significatif, le plus original, engageant, plaisant, etc. On retrouve là encore le souci de l'attaque ; il devra en être de même pour la chute qui, en l'occurrence, appartient à l'interviewé ; c'est lui, en effet, qui a le dernier mot.

N'oubliez jamais qu'un contrat moral s'instaure entre les deux protagonistes de l'interview. Vous devez scrupuleusement rapporter les propos, ne pas déformer, ne pas interpréter. Ce qui n'exclut pas votre droit, en tant que rédacteur, de remettre certains passages en forme — mais toujours au service du contenu. (Voir deuxième partie, chapitres III et IV, pages 105 à 122.)

Relisez-vous : voyez bien si vous avez préservé la parole de votre interlocuteur, son langage même, voire son sens de la formule. Voyez si vos questions ne paraissent pas pédantes, alambiquées. Et si elles sont courtes !

Comment titrer une interview ? D'abord bannir absolument le trop insignifiant : « Interview de Léon Dugommier ». Ce qui importe, c'est ce qu'il a dit. Le plus efficace consiste donc à citer le meilleur passage. La ponctuation (deux points et guillemets) permet d'exprimer le fait que quelqu'un parle. Exemple : « Léon Dugommier : *Je ne m'attendais pas à un tel succès.* » On ne manquera pas de compléter avec un sous-titre plus ou moins développé : « Le directeur de la MJC nous a exprimé sa surprise et son admiration après le concert de *Satan mène le bal.* »

Si ledit Léon Dugommier n'est pas très connu, on préférera ceci : « Le directeur de la MJC : *Je ne m'attendais pas à un tel succès.* »

CHAPITRE V

Concevez une maquette

En général, les lycéens ne manquent pas d'idées ni d'originalité pour soigner le visuel de leurs journaux, surtout quand ils ne cherchent pas à copier la presse professionnelle. Ils se donnent en effet des libertés de forme et de graphisme, qui font toute leur personnalité. Si la mise en forme des pages vous inspire, conservez ces qualités. Les quelques conseils que vous trouverez ici vous aideront à mettre en valeur vos idées.

Mais si vous ne voyez pas comment on peut remplir une page autrement qu'avec un texte, un titre au-dessus et un dessin en dessous, alors lisez ce qui suit.

Au service de la lisibilité

Le journal est avant tout un objet. Avant même de le lire, on le voit, on le touche, on le feuillette. Autant tout faire pour que ce premier contact physique avec le papier produise chez le lecteur une irrésistible envie de lire.

Si le premier abord laisse une impression de négligé, de sale, de triste, d'illisible, de fouillis, vous provoquerez le syndrome du « à lire... mais plus tard ». Vos écrits prendront bien vite la direction de la corbeille à papier.

Il y a plus insidieux : votre journal peut être superbe, mais s'il ne provoque au feuilletage que des « ah ! » et des « oh ! » admiratifs, sans entraîner le désir d'entrer dans le texte, vous aurez raté quelque chose.

La réalisation d'une maquette, c'est un peu comme une mise en scène, cela tient à la fois de l'art et de la technique. Pour l'art, faites-en votre affaire, c'est une question de créativité. Quant à la technique, elle devra toujours se mettre au service de la lisibilité.

Circulez ! Le chemin de fer

La première étape de la maquette consiste à répartir les articles selon les pages du journal. L'expression bien imagée de « chemin de fer » est parfois utilisée dans la presse pour désigner cette répartition. En effet, on va représenter les pages à plat, comme les wagons d'un train, chacun rempli de son chargement d'articles.

C'est un travail qui gagne à être réalisé collectivement, au cours d'une réunion de rédaction. (Voir « Le planning », pages 36-37.) On prépare alors un schéma de chemin de fer, vierge, avec le nombre exact de pages que doit comporter le journal, sur une grande feuille de papier, ou au tableau, de manière qu'il soit bien visible par tous. On le complète au fur et à mesure des décisions de la réunion. Ce tableau servira ensuite de base de travail pour la maquette.

La répartition ne se fera pas au petit bonheur, mais en fonction des rubriques et de la hiérarchie que vous établirez dans le journal, et dans chaque page (pour les pages qui comportent plusieurs articles).

Il faut savoir que les pages de droite sont plus visibles au feuilletage que les pages de gauche. On priviligiera donc la page de droite pour une rubrique que l'on veut valoriser ou pour la première page d'un dossier.

N'oubliez pas non plus de considérer chaque page en fonction de celle qui lui fait face, tant sur le plan rédactionnel que sur le plan graphique. Ce n'est pas au moment de la sortie du journal qu'il faudra s'apercevoir qu'on a mis face à face un article documentaire sur les ours des Pyrénées et une interview du nouveau proviseur qui arrive tout droit de Bagnères-de-Bigorre ! Mieux vaut contrôler les juxtapositions pour choisir ou non de les faire. De même, si on prévoit une page un peu dense, sans illustration, il serait bon que la page d'en face compense et aère l'ensemble.

UN EXEMPLE DE CHEMIN DE FER

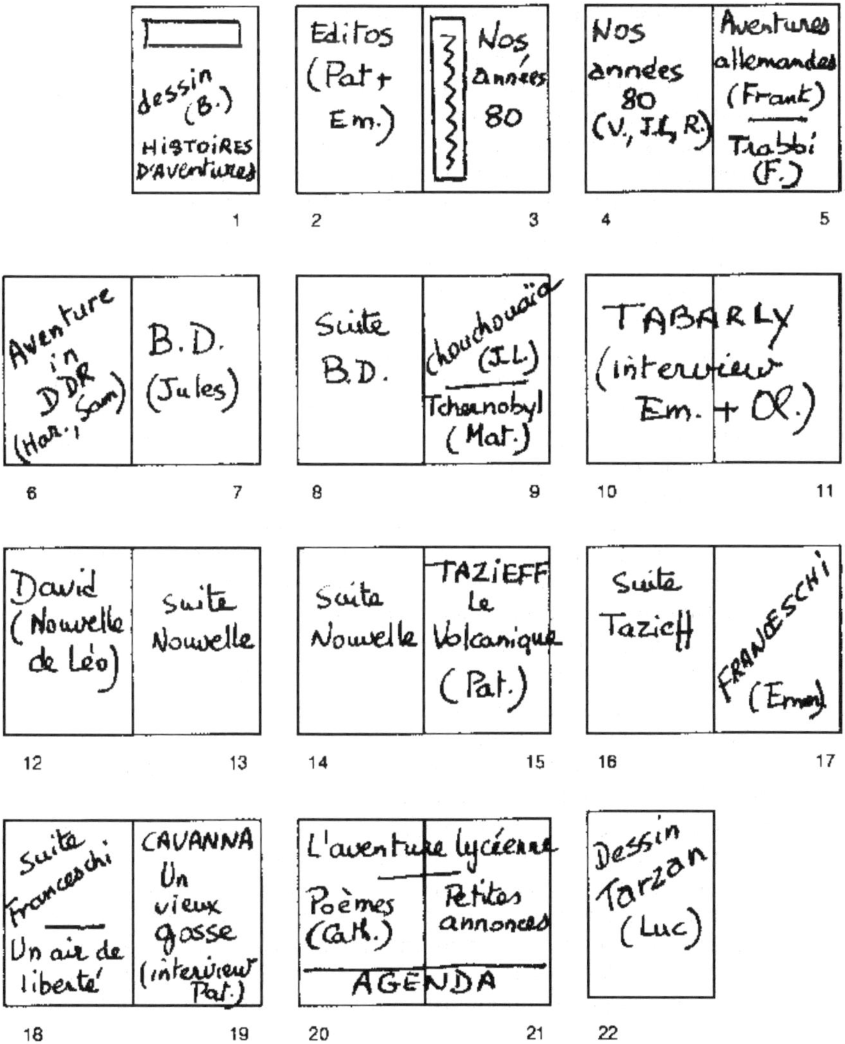

Attention au départ ! La couverture

Le plus beau train du monde n'ira pas bien loin s'il n'est pas conduit par une bonne locomotive. Soignez tout particulièrement la couverture. Qu'elle ne soit ni vide, ni trop chargée. Belle, informative, et surtout bien représentative du contenu. Si la couverture ressemble à une meute de loups, et qu'à l'intérieur on trouve un troupeau de moutons (ou l'inverse), le lecteur vous en voudra de l'avoir trompé !

On peut trouver deux grandes catégories de couvertures :

— la une (type quotidien). C'est une vitrine du journal. Elle contient une têtière (partie supérieure de la page) dans laquelle figurent le logo (graphisme du titre du journal) et les informations techniques (date, numéro, adresse, sous-titre, et pourquoi pas, la devise du journal), et une partie rédactionnelle avec un article d'ouverture, un gros titre, une belle photo ou illustration et des « appels » (courtes phrases incitatives) pour les pages intérieures. C'est une formule courante pour les grands formats mais qui peut aussi convenir au format A4, en l'adaptant ;

— la couverture type magazine. C'est celle que choisissent spontanément les néophytes, mais pas toujours adroitement. On y organisera élégamment le logo, les informations techniques, une illustration et quelques « appels » pour les bonnes pages du journal.

Prenez l'habitude d'observer les couvertures de magazine, vous pourrez y pêcher des idées pour organiser votre couverture.

Vous devrez aussi soigner votre logo, c'est le seul élément que l'on retrouvera à chaque numéro, c'est le clin d'œil au lecteur, le premier contact avec le journal. Un beau lettrage, dessiné à la main ou sur ordinateur, mais surtout, pitié pour le lecteur... qu'il soit lisible !

Un imprimeur vous proposera peut-être de vous réaliser une couverture, une fois pour toutes, à réutiliser à chaque numéro. Les prix seront sûrement avantageux, parce qu'il s'agira d'un tirage en grand nombre. Seulement, cela risque d'être une mauvaise économie. Rien de tel en effet pour figer votre journal dans une image statique que de l'emballer dans l'uniformité. Au contraire, la couverture doit faire ressortir les contenus des pages intérieures, en présentant la nouveauté de chaque numéro. Proposez plutôt la réalisation d'un fond de couverture, dans une couleur différente de la couleur d'impression, pour les éléments fixes : logo, adresse, etc.

La « quatrième de couverture » (la dernière page du journal) est aussi une page importante. N'oubliez pas que c'est une page qui est vue, plus que lue, lorsque l'on transporte le journal fermé. Ne la réservez pas à un article serré dans une mise en page austère ! Vous comprendrez aisément que cette page soit très prisée pour la publicité !

Affirmez votre look : l'unité graphique

Si on maquette chaque page sans tenir compte des autres, le lecteur aura l'impression de changer sans arrêt d'interlocuteur, ce qui peut le lasser ! L'unité rédactionnelle doit apparaître au niveau visuel.

Mais unité ne veut pas dire uniformité ! Vous aurez besoin d'un fil conducteur, une sorte de charte graphique de base autour de laquelle vous pourrez laisser place à votre créativité. Vous utiliserez le même ton, le même style, dans la présentation, le titrage et tous les éléments graphiques : titres de rubrique, « filets » (traits pour séparer ou habiller le texte) ou « vignettes » (petits dessins qui accompagnent la mise en page).

Ce n'est pas une raison pour sombrer dans la monotonie !

Respectez vos caractères : la typographie

Cinq siècles d'imprimerie vous regardent ! Même s'il est peu probable que votre journal soit composé traditionnellement avec des caractères en plomb, vous pouvez profiter de l'expérience de générations de typographes.

Sachez qu'on n'utilise pas un caractère indépendamment du sens de ce que l'on écrit. En effet, le choix de la typographie ajoute ou retire du sens au texte. Si vous écrivez : « Panique au gymnase ! » en lettres cursives (ou en gothiques, comme on le voit parfois dans les journaux lycéens), vous raterez votre effet ! On ne peut écrire une nouvelle grave dans un caractère fantaisie, ou l'inverse. A moins que l'effet ne soit recherché.

Sachez également qu'il existe des caractères dits « de lecture », bien adaptés aux textes longs, et d'autres qui, même si vous les trouvez très beaux, sont plutôt à réserver aux titres. Avant de vous déterminer, faites un essai sur un texte long pour tester le confort de lecture.

Le principe de l'unité graphique contraint à limiter le nombre de familles de caractères que l'on utilise dans le journal. On se contentera d'une seule famille ou deux, à la rigueur trois, pour le texte courant et la plupart des titres. Quelques ruptures avec un caractère spécial, bien choisi, seront de temps en temps bienvenues pour un titre ou une accroche.

On peut aussi jouer sur la taille (on dit aussi le « corps »), l'interlignage, la graisse (gras ou maigre) et l'inclinaison (romain ou italique) du caractère. Certains logiciels de PAO proposent en outre des effets spéciaux de typographie (ombré, en relief, souligné, etc.), dont on usera avec modération. En effet, on transforme ainsi un caractère de lecture en caractère fantaisie, ce qui alourdit beaucoup la lisibilité.

Chacune de ces variations produit un effet dont il faudra tenir compte : l'italique induit par exemple une certaine proximité, mais il est un peu moins lisible que le romain ; les capitales donnent une impression de solennité et se supportent mal au-delà d'une ligne.

De manière générale, on n'abusera pas des variations typographiques qui fatiguent l'œil à la longue. (Voir « La composition », page 75.)

Suivez le guide : le gabarit

L'œil n'aime pas les longues lignes, parce qu'il lui faut faire une gymnastique fatigante à la fin de chacune d'entre elles pour retrouver le début de la suivante. On s'épuise au bout de quelques lignes et la catastrophe se produit : on arrête de lire.

Autant éviter à tout prix les lignes qui occupent toute la largeur de la page, surtout en petits caractères. Plus le caractère est petit, plus les lignes doivent être courtes.

Pour répondre à cette exigence, on place le texte en colonnes juxtaposées dont la « justification » (largeur des lignes de texte) sera fonction

UN EXEMPLE DE GABARIT

1

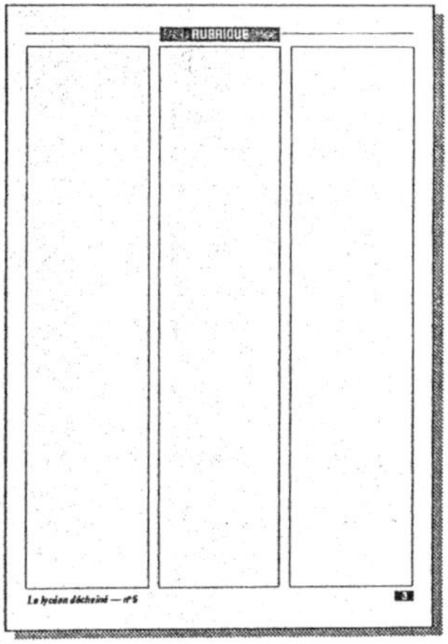

2

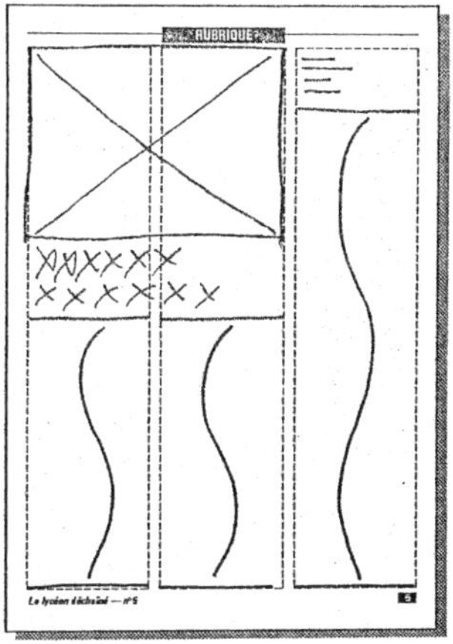

3

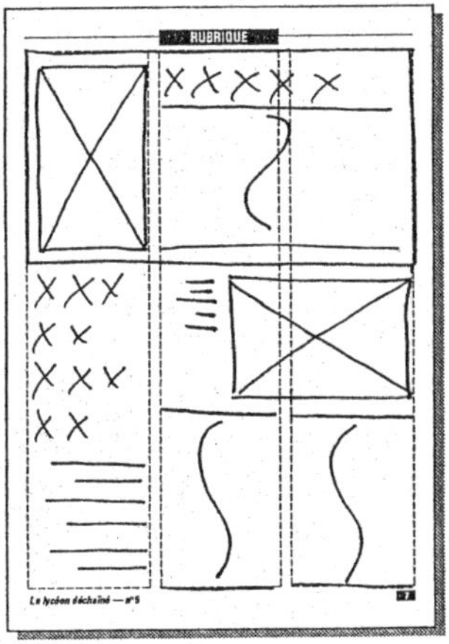

4

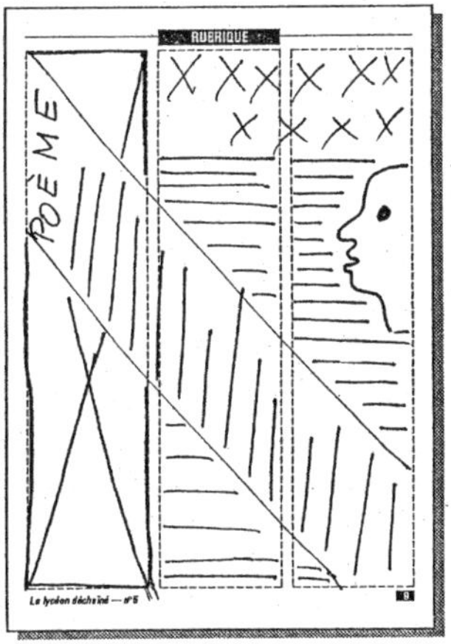

du format de la page et de la grosseur du caractère. On évitera de multiplier les différentes largeurs de colonnes afin de préserver l'unité graphique des pages. En tout cas, il est impératif qu'un article soit composé dans sa totalité sur une même justification.

Le plus simple est de se donner un « gabarit » : schéma de base d'une page, dont les colonnes habituelles sont représentées par des rectangles. On travaillera ensuite toute la maquette à partir de ce gabarit. On peut éventuellement utiliser plusieurs gabarits. Exemple : un gabarit en trois colonnes pour les grands articles, et un autre en cinq colonnes pour les pages de brèves, composées en petits caractères. On peut bien sûr, en gardant le gabarit comme guide, utiliser les colonnes avec souplesse.

Le positionnement des illustrations et des graphiques se fera aussi à partir du gabarit. (Voir aussi « Le montage », page 77.)

On voit d'abord, on lit après

Si on manque de place pour caser la totalité d'un article, que l'on juge génial et donc incompressible, la tentation serait de « tasser » : le composer en tout petits caractères et utiliser le moindre recoin pour que « ça rentre ». C'est un mauvais calcul. Tout ce que vous gagnerez, c'est de provoquer un rejet du lecteur, qui tournera bien vite la page. Mieux vaut couper un peu que de faire fuir son lecteur !

Il se peut aussi qu'on ait trop de place, et là on sera tenté de laisser beaucoup de blancs. Trop de blancs produit parfois une impression de vide : « Ils n'ont rien à dire ! » C'est une question d'équilibre, il faut savoir utiliser tout l'espace d'une page, avec des blancs, mais pas trop, en équilibrant les masses.

S'imaginer qu'un article se lit en commençant par le début pour finir tranquillement à la fin est un leurre. Observez vos habitudes de lecture : on tourne autour, on regarde le titre, éventuellement le surtitre, les illustrations, les légendes, les encadrés, les intertitres ; quelquefois même, on lit un morceau au milieu ou à la fin, et si tout cela a retenu notre attention, alors on s'aventure dans la lecture elle-même.

Dans la maquette il faut respecter ces niveaux d'accès à la lecture. On devra trouver dans une page :

— le « vu » : les illustrations, bien sûr, mais aussi tous les éléments graphiques (grisés, couleurs, filets, logos, etc.), les espaces blancs, les blocs compacts de texte, les contrastes typographiques, les coupures de texte, les alinéas, les juxtapositions, ainsi que les titres écrits en assez gros caractères pour constituer des masses qui sont vues avant d'être lues ;

— le « vu et lu » : tout ce qui accroche le regard, et qui peut être lu d'un seul coup d'œil : rubrique, titre, sous-titres, intertitres, tableaux, graphiques, légendes. C'est souvent ce niveau-là qui est un peu négligé

Les dessins les plus intéressants sont porteurs d'information, comme les caricatures de presse. Mais les pages de votre journal sont probablement ouvertes à toutes formes de création, et il vous faudra trouver le moyen de les mettre en valeur, de les présenter sous une rubrique dans votre maquette, pour que rien ne donne l'impression de se trouver là par hasard.
Dessin de Charb

dans les journaux que l'on regarde sans lire, parce que rien n'excite la curiosité. En ménageant toutes ces portes et ces fenêtres dans une page, c'est un peu comme si vous disiez au lecteur « allez, lis au moins ça, ça ne te demandera pas trop d'efforts », et petit à petit, niveau après niveau, vous l'entraînez à en lire le plus possible ;
— le « lu » : c'est bien sûr le texte de l'article lui-même. C'est le niveau qui constitue les masses grises de la page. Voyez l'effet que produit une grosse masse grise, sans coupure. Même s'il y a du blanc au-dessus et autour, et un gros titre noir. Elle donnera la sensation d'un mur que l'on aura plutôt tendance à éviter.

Le sens se voit aussi : les illustrations

Photos, dessins, ou graphiques, ce sera fonction des besoins de l'article, de votre créativité et de vos possibilités techniques, mais faites en sorte que l'illustration soit un peu plus porteuse de sens qu'une image plantée là parce qu'on avait une place.

Choisissez des photos vivantes et évitez, sauf choix volontaire, les « trombinoscopes » (photos de groupe, posées, en rang) qui n'intéressent que ceux qui sont sur la photo et leur famille.

Et n'oubliez pas : pas de photo sans légende. Celle-ci devra d'ailleurs compléter le contenu de la photo, sans être redondante avec l'image elle-même. Par exemple, vous avez une photo représentant des jeunes assis dans l'herbe au cours d'un pique-nique, et vous légendez : « Nous pique-niquons dans le pré ». Vous n'apporterez rien de plus à l'image. Alors pensez au sens de la photo, pourquoi l'avez-vous placée là ? Pour montrer que vous n'êtes pas les voyous que certains pensent et qu'il vous arrive d'avoir des activités saines ? Légendez alors : « Les jeunes du quartier Saint-Benoît ont deux poumons, comme tout le monde, et ils y tiennent ».

Et puis, pour vous donner le plus grand choix possible, constituez-vous une banque d'illustrations : photos ou dessins, originaux de préférence. Même s'ils ne sont pas d'une utilité immédiate, ils pourront peut-être servir un jour.

CHAPITRE VI

Adaptez-vous à vos moyens techniques

Les articles sont écrits, les illustrations sont prêtes et vous avez déjà réfléchi à la conception de la maquette. Il vous reste à fabriquer le journal en respectant certaines étapes indispensables, adaptées à vos moyens techniques. Peut-être disposez-vous d'une superbe configuration PAO (Publication assistée par ordinateur) ? Tant mieux, mais il vous faudra en tirer le meilleur parti. Peut-être avez-vous accès à une machine offset, et même au traitement de la couleur ? Profitez-en pour soigner la qualité du document que vous remettrez à l'imprimeur.

Mais le virus du journal atteint aussi ceux qui ne sont dotés que de la vieille machine à écrire de leur grand-mère. Ils devront peut-être négocier âprement l'accès à la photocopieuse du foyer de leur lycée. Même la plus grande simplicité technique ne doit jamais vous empêcher de réaliser un journal lisible et de belle qualité graphique.

A vos claviers : la saisie des textes

Lorsque les auteurs vous remettront leur copie, vous aurez des textes écrits à la main, d'autres seront dactylographiés, mais aucun n'aura sa forme définitive, celle de la page imprimée. Les ordinateurs et machines à traitement de texte permettent aujourd'hui de traiter soi-même successivement la saisie (ou frappe) des textes et la composition* (transformation du texte brut dans sa forme d'impression). Vous effectuerez la saisie « au kilomètre », c'est-à-dire en continu, sur une même

* C'est la technique la plus courante pour vos journaux, mais il en existe d'autres, par exemple : saisie sur traitement de texte, puis remise de disquette à l'imprimeur qui « enrichit » le texte pour le sortir en photocomposition.

machine, ou sur des machines compatibles. Attention, c'est une étape souvent longue et qui peut vous faire prendre du retard. Commencez la saisie le plus tôt possible, au fur et à mesure de l'arrivée des articles.

Puis vous relirez chaque article très attentivement sur une épreuve (sortie sur imprimante de la saisie brute). Plusieurs lectures ne seront pas superflues pour traquer les fautes de frappe — appelez-les comme cela, plutôt que fautes d'orthographe, vous pourrez accuser la machine ! — ou les lourdeurs de style. On corrige toutes les erreurs avec un stylo de couleur pour mieux les voir — évitez le rouge, si ça vous traumatise. Vous porterez ensuite les corrections à l'écran. Soyez bien sûr qu'il ne reste plus de fautes avant de passer aux opérations suivantes. Il n'y a rien de plus vexant en effet que de trouver une coquille* malencontreuse dans un article, ou pire dans un titre, mais trop tard, après le tirage du journal !

N'ayez pas peur des monstres : la prémaquette

C'est avec la correction de la saisie que commence le travail de secrétariat de rédaction. (Voir « Le planning », pages 36-37.) Ensuite, vous allez dessiner des « monstres »... mais ne croyez pas qu'il s'agit de déchaîner vos pulsions morbides. Ces monstres-là ne font peur à personne. On appelle « monstre » ou « prémaquette » la représentation schématique que l'on dessine pour chaque page.

Pour réussir la prémaquette, vous pouvez évaluer assez précisément l'encombrement de chaque article dans la page définitive. Pour cela les professionnels dénombrent le nombre de signes (espaces compris) de l'article, comparent avec un texte composé dans la typographie choisie (texte témoin), et calculent, en fonction de la justification, l'espace qu'occupera l'article (en longueur de colonne).

Ça vous chatouille les méninges ? Voici comment effectuer ce calcul : soit *s* le nombre total de signes du texte à calibrer. Sur le texte témoin, compter le nombre de signes *n* par ligne justifiée (de la largeur prévue

* Regardez donc ce que donne ce mot si l'on oublie le « q » ! C'est cet exemple qui est à l'origine du mot « coquille » pour désigner une erreur orthographique technique involontaire.

pour l'article imprimé). Calculer : $s / n = l$ (nombre de lignes de l'article imprimé). Et pour connaître la hauteur en centimètres de la bande composée : mesurer sur le texte témoin la hauteur h en cm de 10 lignes composées. Calculer : $l \times h / 10 = H$ (hauteur en cm de la bande composée).

Bon, vous êtes largué, tout prêt à abandonner la lecture de ce livre et même carrément l'idée de faire un journal. Pas de panique ! Abandonnez plutôt l'idée de calcul et évaluez les encombrements des articles approximativement pour dessiner votre monstre. Vous pourrez toujours tâtonner et faire des ajustements au moment de la composition, et jusqu'au montage. La PAO est d'ailleurs d'un grand secours à ce stade, car elle donne un calibrage précis et permet ce tâtonnement sans perte de temps.

La composition : à faire soi-même

D'après votre monstre et votre calibrage (même approximatif), vous savez maintenant pour chaque article, chaque chapeau, titre, légende ou encadré, en quel caractère et dans quelle justification il doit être composé. Alors, allez-y, « enrichissez » votre saisie avec les indications typographiques. (Voir « La typographie », page 67.) Vous obtiendrez des bandes composées correspondant aux colonnes de texte, ainsi que divers éléments de texte, prêts pour l'étape suivante : le montage.

Bien sûr, vous devrez vous contenter de ce que votre matériel vous permet. Ne vous lamentez pas si votre traitement de texte ne vous offre pas un large éventail de caractères et de variations typographiques. Au moins éviterez-vous le désordre visuel. Vous pouvez réduire ou agrandir les caractères à la photocopie. Mais attention, faites des essais pour obtenir au final la bonne largeur de colonne.

• ***... Et si on n'a pas d'ordinateur ?***

Vous ne disposez que d'une machine à écrire préhistorique, sans la moindre mémoire, ou même seulement de votre plus belle écriture manuelle. Au moins vous ne risquez pas de tomber dans le conformisme d'une PAO mal utilisée. Vous ferez comme des générations de

EXEMPLES DE COMPOSITIONS

Aligné à gauche :

C'est la manière la plus simple, réalisable avec n'importe quelle machine à écrire. Les débuts de lignes sont alignés, et les fins de lignes s'arrêtent à la fin d'un mot. On a une impression de drapeau à droite. Cette composition peut aussi être utilisée volontairement pour rompre l'uniformité d'une colonne ou pour un chapeau ou une légende, etc.

Aligné à droite :

Ce sont les fins de lignes qui sont alignées, pas les débuts. Graphiquement, cela peut être agréable à l'œil, pour une légende placée à gauche d'une photo, ou un chapeau placé à gauche de l'article. Mais il ne faut pas l'utiliser pour un texte long, car la lisibilité est moins bonne.

Justifié :

C'est la composition qui donne aux colonnes une forme de rectangle, avec un alignement à gauche et à droite. Un texte justifié, agréable à lire, ne s'obtient qu'avec des machines capables de faire des « césures » (coupures de mots). Sinon vous aurez de grands blancs entre les mots, fort désagréables à la lecture. Dans ce cas, préférez la composition alignée à gauche.

Centré :

Les lignes, irrégulières, sont centrées, sans alignement à gauche ni à droite. A n'utiliser qu'exceptionnellement, pour un titre ou un texte très court.

lycéens, en réalisant en une seule opération saisie et composition. En clair, vous taperez (ou écrirez) vos textes, directement en colonnes, dans le caractère définitif. Les titres pourront être composés en lettres transfert (vendues en planches), ou à la main, ou en découpant des lettres dans les journaux, etc.

Vous feriez bien de faire une prémaquette avant de commencer, sans pour autant tout engager à la fois. Mais ne faites pas tout à la fois ! Évitez de taper vos textes dans la mise en page finale. Vous aurez besoin de faire un montage, d'utiliser ciseaux et colle pour aboutir à une page belle et originale.

Je-coupe-je-colle : l'art du montage

Pour chacune des pages, vous allez maintenant réaliser le document définitif, celui qui sera reproduit soit par l'imprimeur, soit à la photocopie.

Si vous avez un bon logiciel de mise en page, dont vous maîtrisez parfaitement toutes les fonctions, vous aurez certainement envie de faire ce montage à l'écran. Mais ne vous limitez pas aux possibilités techniques de votre matériel. N'hésitez pas à compléter la mise en page par des éléments collés à la main.

Pour un montage manuel, voici comment vous pouvez vous y prendre.

Vous vous munirez de ciseaux, cutter, règle plate, colle, un morceau de carton fort pour découper au cutter, ainsi que de feuilles de gabarit (feuilles blanches, au format du journal, sur lesquelles est reproduit le schéma du gabarit, voir page 69).

Pour chaque page, vous préparerez dans une petite chemise le monstre, les éléments composés, et les illustrations dans leur format définitif. Vous découperez à plat, au cutter, et au plus près de la partie imprimée, les différents blocs de texte ou dessins. Supprimez le plus possible les bords de papier blanc qui vous gêneront au collage.

L'idéal est de disposer d'une table lumineuse (ou d'un rétroprojecteur utilisé en table lumineuse). Vous placez une feuille de gabarit sur la table lumineuse, et une feuille blanche par-dessus. Vous pourrez ainsi monter, en les collant, les éléments de la page en vous guidant par transparence sur les repères du gabarit.

Attention : collez droit ! Un texte collé de travers ne se remarque pas forcément au montage, mais saute aux yeux une fois photocopié ! Pour vous aider, vous pouvez intercaler une feuille de papier millimétré transparent.

Pour placer les « filets », vous pouvez bien sûr tracer des traits à la main. Mais il existe des filets tout prêts, de différentes épaisseurs, sur support adhésif. On les colle au moment du montage. On peut aussi en tracer avec un ordinateur, les sortir sur imprimante, et les coller au montage.

Le montage, un travail minutieux mais très exaltant :
on fabrique l'objet-journal.

• ***... Et si on n'a pas de table lumineuse ?***

Vous ferez alors le montage directement au dos d'une feuille de gabarit. Les repères de montage apparaîtront en transparence pour vous guider, mais ils ne seront pas visibles à la reproduction.

• ***... N'avez-vous rien oublié ?***

Le moment est crucial. Le montage fini, votre journal commence à exister physiquement, et la fierté vous envahit. Mais attention, avant de signer le BAT (voir page 36), êtes-vous sûr de n'avoir rien oublié ? Après, il sera trop tard. En particulier, avez-vous placé les folios (numéros des pages), l'« ours » (petit pavé à insérer dans une page, portant les indications d'identité : directeur de publication, équipe de rédaction, adresse, etc.) ?

Reproduire : photocopie ou offset ?

La technique de reproduction sera une question de moyens financiers et de nombre d'exemplaires. En dessous d'un tirage de 200, la photocopie est mieux adaptée, à moins que vous n'ayez d'autres propositions intéressantes.

• ***La photocopie***

Elle limite le choix de la qualité de papier et du format, et ne permet qu'une utilisation très délicate de la photo. Cependant, certaines photos très contrastées ont un rendu très original en photocopie. En outre, il existe (dans les magasins d'arts graphiques) des trames spécialisées pour la photocopie qui rendent un peu de gris aux photos. On les utilise directement sous la photo, et il vaut mieux ne pas avoir à faire de réduction ni d'agrandissement.

Une seule règle : faites des essais.

• ***L'offset***

Vous souhaitez faire imprimer votre journal ? La technique la plus courante est l'offset. Ce procédé vous apportera une qualité d'exécution et un fini supérieurs. Vous aurez plus de choix sur la qualité du papier et le format, et surtout les photos passeront beaucoup mieux parce qu'elles seront tramées. Le tramage est un procédé qui permet de transformer les demi-teintes en points discontinus, et donc d'avoir un rendu assez fidèle des niveaux de gris.

Vous ne placerez pas vos photos sur le montage, vous réserverez seulement leur emplacement, et vous les remettrez à part à l'imprimeur, avec toutes les indications de page et de recadrage éventuel. Seuls les dessins « au trait », sans demi-teinte (dégradés de gris), seront placés sur le montage.

Pour utiliser l'offset, vous aurez probablement recours à un imprimeur. Allez le voir avant, discutez et étudiez ses propositions en fonction des stocks de papier ou d'encre, et des formats qui permettront un moindre coût. Faites établir un devis longtemps à l'avance. Et le jour du tirage, ne vous privez pas du plaisir d'assister à la sortie de votre journal !

• ***... Un plus qui se voit : la couleur***

De nombreuses photocopieuses récentes permettent d'ajouter une couleur à vos tirages. Étudiez le fonctionnement du matériel que vous utiliserez, faites des essais, mais ce serait dommage de se priver de ce petit « plus » qui n'élève pratiquement pas le prix de revient.

En offset également, vous pourrez prévoir une couleur d'accompagnement. Cela vous coûtera le prix d'un passage supplémentaire, qui peut être réservé à la couverture. Ce n'est pas forcément très cher, et ça change complètement la qualité du rendu. Discutez-en avec l'imprimeur.

Réfléchissez bien aux surfaces que vous mettrez dans la couleur d'accompagnement : un filet, une partie du logo, une rubrique, etc. N'en faites pas trop, une petite touche de couleur suffit parfois.

En revanche, si vous demandez la reproduction d'une photo en couleur, on vous proposera des prix nettement supérieurs. En effet, cela nécessite l'emploi du procédé coûteux de quadrichromie : analyse de la photo au scanner et nécessité de quatre passages correspondant aux quatre couleurs — bleu, jaune, rouge et noir. A réserver aux budgets bien rodés.

GRANDEUR ET DÉCADENCE DE LA PAO

De plus en plus de journaux lycéens ont accès à une configuration plus ou moins développée de PAO (Publication assistée par ordinateur). Voici les éléments dont on peut avoir besoin :

1. Pour la composition

Un logiciel de traitement de texte dont on testera les capacités à :
— effectuer les césures de mots ;
— justifier les colonnes ;
— offrir l'accès à différentes polices de caractères ;
— permettre des variations typographiques (gras, italique) ;
— proposer une grande variété de corps (en particulier, vérifier ce que donnent les gros caractères).

Une imprimante : si elle est laser, le dessin des lettres sera plus joli, proche d'une qualité imprimerie.

2. Pour la mise en page

Un logiciel de mise en page dont on testera les qualités de
— souplesse d'utilisation ;
— précision du positionnement des éléments ;
— visualisation du travail.

Éventuellement :

Un logiciel de création graphique.

Un scanner : pour numériser photos et illustrations et les intégrer au format, dans le montage à l'écran. Les résultats ne sont pas toujours probants. Mais, si on a une bonne qualité à la sortie de l'imprimante, les photocopies seront bonnes également.

L'intérêt de la PAO est de permettre à chacun de réaliser son journal de A à Z, avec un fini très agréable et très « pro », à moindre coût. L'inconvénient, surtout si l'on va jusqu'au montage et que l'on ne maîtrise pas bien toutes les possibilités graphiques, est de risquer d'obtenir des mises en page très conformistes et très semblables entre elles. Pour optimiser cette utilisation, et si l'on n'est pas un expert, ne jamais s'interdire l'emploi des ciseaux, de la colle et de toutes sortes d'éléments qui ne viennent pas de la machine.

La touche finale : l'assemblage

L'assemblage est la finition de l'objet journal. En réalité, il faut le prévoir avant le tirage, car la technique choisie modifiera les conditions de tirage.

L'idéal est l'agrafage central, mais il nécessite une agrafeuse spéciale. Si vous n'en n'avez pas, vous pouvez vous contenter d'encarter les feuilles pliées — de format double — les unes dans les autres.

Dans ces deux cas, il faudra avoir bien calculé — avant le tirage — les pages qui doivent se trouver face à face et en recto-verso. Imaginez la catastrophe si l'ordre des pages était dérangé ! Pour ne pas se tromper, on peut fabriquer un petit livret de pages blanches avec le même nombre de pages que le journal. On en numérote les pages et on voit ainsi leur répartition.

Si les pages sont tirées en recto-verso dans le format final du journal, il vous reste la solution de l'agrafage latéral, moins pratique : on peut difficilement laisser le journal ouvert. A moins que vous n'optiez pour un système spécial, comme le « dos collé », qui donne au produit fini une allure un peu plus « dossier » et un peu moins « journal ».

CHAPITRE VII

Financer, animer, vendre

La fabrication d'un journal composé sur ordinateur et tiré en photocopie ne vous coûtera que l'utilisation de la photocopieuse et le prix du papier. Ce n'est certes pas énorme, puisque vous ferez le travail, mais cela demande malgré tout la constitution d'un budget. Et si vous faites appel à un imprimeur, il faudra rechercher les meilleures conditions !

Le journal est écrit, mis en page, imprimé, assemblé. Surtout ne vous privez pas du plaisir de goûter à l'instant magique de la sortie du journal. Mais si le journal est prêt à lire, il n'est pas pour autant entre les mains du lecteur. Il faudra continuer à mobiliser toute votre imagination pour faire connaître votre production et la valoriser auprès du public potentiel : celui que vous avez visé au moment de créer le journal.

Se donner quelques moyens

Trouver de l'argent, c'est indispensable. Mais avant de vous précipiter pour quémander une subvention, une aide financière ou solliciter un « généreux » sponsor, il serait bon de réfléchir aux conséquences d'une telle aide. Resterez-vous vraiment libre ?

• *L'indépendance d'abord*

L'art de financer un journal consiste à trouver des fonds tout en préservant son indépendance quant au contenu. Il en est de vos journaux comme de la presse professionnelle. C'est un travail d'équilibriste autant qu'une exigence permanente. Pour que « financeurs » ne riment pas avec censeurs, et pour établir avec eux une relation de confiance, il vous appartient de bien définir les rôles de chaque partenaire. Sans cette définition, il n'est guère de contrat possible, même moral. Toute votre recherche de financement devra se faire autour d'une même idée : préserver au maximum votre indépendance rédactionnelle. Au besoin, sachez refuser une proposition alléchante, qui vous demanderait trop de concessions par rapport à votre projet rédactionnel.

Trouver de l'argent sans la moindre contrepartie relève peut-être de l'idéal. Raison de plus pour tenter votre chance.

Trois niveaux distincts qualifient une démarche d'informateur :

1. Légal : en accord avec la réglementation sur la presse. (Voir « Un peu de droit de la presse », page 105.)
2. Responsable : en accord avec la déontologie journalistique (voir page 115).
3. Indépendant : en accord avec votre propre jugement.

Ces niveaux devraient être inséparables. Qu'un seul manque à votre journal et c'est sa crédibilité qui tombe. Si un article exprime de la complaisance à l'égard d'un de vos commanditaires, l'ensemble du journal s'en trouvera entaché.

• *Créez un club-journal*

Parmi les structures possibles pour votre journal, il y a la création d'un club-journal dans le lycée ou le collège, dans le cadre du foyer socio-éducatif (ou de la « maison des lycéens »). Ce club pourra gérer un budget avec recettes et dépenses. Mais si le club demande une aide à l'administration (papier, tirage, petit matériel pour le montage), il devra à coup sûr négocier et parfois accepter un droit de regard d'autant plus légitime qu'une aide est fournie.

Mieux vaut chercher dès le départ une solution qui garantisse votre indépendance.

Par exemple, la création du club peut s'accompagner de la rédaction d'un projet (voir encadré, page suivante), et d'une demande de subvention globale liée au projet. Ce sont les engagements que vous prendrez quant au contenu qui assureront votre crédibilité auprès du chef d'établissement et vous pourrez ainsi demander à ne pas passer devant un comité de censure avant la diffusion de chaque numéro.

Présentez une prévision de budget comprenant des ressources propres et un objectif d'autofinancement. Et si vous utilisez le matériel du lycée (ordinateurs, photocopieuses, etc.), faites-en facturer l'utilisation. Vous pourrez ainsi, même dans le cadre d'un club, préserver votre indépendance rédactionnelle... si votre subvention est accordée.

COMMENT RÉDIGER UN PROJET DE JOURNAL ?

Le projet est un document que vous rédigerez en équipe et qui servira de support à toutes vos démarches pour vous faire reconnaître, soutenir, financer, subventionner. A titre d'exemple, vous pourrez y faire figurer les éléments suivants :

1. Objectif rédactionnel
Pourquoi faites-vous un journal ?

2. Équipe et fonctionnement
Directeur de publication, membres de l'équipe.
Existence d'une structure (ou désir d'en créer une) : club, association.
Organisation prévue : réunions, planning, etc.
Votre engagement déontologique. (Voir « La déontologie », page 115.)

3. Formule
Public visé, format, pagination, périodicité, tirage, etc.
Moyens de fabrication envisagés : ordinateur et photocopieuse du lycée (ou à l'extérieur) ; imprimerie extérieure (joindre un devis).

4. Budget
Dépenses : frais de fabrication, déplacements, matériel de montage, photos, etc.
Recettes : ventes, abonnements, types de publicités recherchées, subventions demandées.

5. Numéro 0
La rédaction d'un projet sera d'autant plus parlante qu'elle sera accompagnée d'un numéro 0 : numéro expérimental de quelques pages, qui devra préfigurer aussi bien la maquette que le type d'articles. On y trouvera la couverture, avec le logo, les rubriques éventuelles, et quelques articles rédigés et mis en page. Rien n'interdit d'ailleurs de reprendre ces articles dans le vrai numéro 1, quand il sortira.

• *Organisez votre autonomie*

Diverses subventions peuvent être sollicitées auprès d'organismes publics : mairie, conseil régional, délégation régionale à la culture ou autres organismes culturels. Mais ces demandes n'auront de chances d'aboutir que si votre projet va dans le sens des objectifs de ces organismes.

Si vous préférez faire votre journal en dehors du lycée, vous pouvez très bien adopter une structure informelle, du genre « bande de copains », et bénéficier d'une reconnaissance tout à fait légale.

La création et la déclaration d'une association à but non lucratif (loi du 1er juillet 1901) peuvent parfois être utiles pour exister comme « personne morale » lors d'une demande de subvention ou pour donner une structure à la gestion du budget — ouvrir un compte bancaire pour les recettes et les dépenses, par exemple. Pour connaître les démarches (assez simples) nécessaires à la déclaration d'une association, adressez-vous à la préfecture de votre département, ou, au niveau national, au service d'information et de relations publiques du ministère de l'Intérieur.

• *Publicités et sponsors*

Dans la série des « y a qu'à », vous rencontrerez probablement le « y a qu'à mettre de la pub ! ». C'est effectivement un moyen pour renforcer les recettes du journal. Le principe est connu : vous proposez à des annonceurs de « profiter » de vos lecteurs, et ils vous payent la « location » d'un espace pour leur publicité.

Seulement, de la pub, il faut en trouver ! Les annonceurs ne vont peut-être pas se jeter sur vos colonnes ! Habileté et sens du commerce vous aideront peut-être à décrocher quelques propositions.

Quelques conseils : les journaux de lycéens ou de collégiens sont en général bien accueillis chez les commerçants du quartier. Présentez-leur votre projet, éventuellement un numéro 0 (voir page 85) ou un numéro déjà paru, parlez-leur du public à qui le journal est destiné. Ne leur donnez pas le sentiment de soutirer quelques sous pour une œuvre de bienfaisance, mais faites plutôt valoir tout l'intérêt qu'ils auront à figurer dans vos pages.

Et si, en plus, vous leur proposez de réaliser vous-même un placard publicitaire original, vous avez toutes les chances de vous faire bien recevoir.

Contactez aussi la mairie, le conseil général ou les organismes publics de votre ville. Ils ont peut-être un message publicitaire institutionnel à faire passer auprès des jeunes. Votre journal pourrait en être le canal. Là aussi un projet bien rédigé ou des numéros précédents seront utiles pour soutenir vos démarches.

• *Quel tarif proposer ?*

Tout dépend bien sûr du nombre de vos lecteurs. Par exemple, un journal lycéen qui diffuse à 250 exemplaires peut demander 300 à 400 francs le quart de page en noir et blanc dans les pages intérieures, et un peu plus sur la couverture. Mais un journal comme *Cent Commentaires* n'hésite pas à proposer 30 francs le centimètre carré pour un tirage de 2 000 exemplaires.

Donnez toujours la possibilité à vos annonceurs de bien comprendre votre projet rédactionnel. Ils pourront accepter ou refuser leur participation, en connaissance de cause. Mais encore une fois, sachez écarter toute complaisance rédactionnelle : « On vous prend un pavé publicitaire, et même on vous offre des entrées, mais vous nous faites un bon reportage sur notre parc d'attraction. »

Ne prenez pas forcément exemple sur la presse professionnelle : certains titres pratiquent cette forme de « publi-reportage » sans que ce soit bien clair pour le lecteur, au grand dam de la déontologie journalistique.

Un sponsor est un annonceur privilégié : une banque, une marque ou un organisme public qui propose un partenariat plus poussé. Moyennant un emplacement bien en vue dans le journal — souvent une présence près du titre — et l'exclusivité publicitaire, le sponsor prendra en charge tout ou partie des frais de fabrication. En contrepartie, il pourra exiger un droit de regard sur le contenu. A vous de voir si vous acceptez une telle présence... et une telle dépendance. Le pari est risqué sur le long terme, mais peut être parfois envisageable sur une opération exceptionnelle ou un numéro spécial.

Quel que soit le mode de vos relations avec les annonceurs, débrouillez-vous pour séparer l'espace « publicité » de l'espace rédactionnel. Ce dernier doit vous appartenir en exclusivité, sous la responsabilité du directeur de publication.

Se faire connaître

Il y a des journaux qui se contentent d'une vingtaine de lecteurs. Avec ce chiffre, ils ont atteint leur public, et pour eux nul besoin de développer un lectorat. Mais les journaux lycéens, comme tout journal, cherchent le plus souvent à se faire connaître et à voir grimper la diffusion. N'allez surtout pas croire qu'il suffit que le journal soit bon pour qu'il se vende bien. Encore faut-il le faire savoir.

• *Soutenez la diffusion*

Mettez vos dessinateurs à contribution pour réaliser des affichettes. Elles devront accompagner la sortie d'un numéro dont elles valoriseront le contenu. Inventez des messages d'incitation à la lecture et à l'achat.

Multipliez les points de vente ; il faut que la sortie du numéro soit un événement dans le lycée. Animez cette distribution, déguisez-vous… bref, soyez imaginatif.

Organisez une vente à la criée dans la rue ou sur les marchés, mais n'oubliez pas de demander l'autorisation à la mairie.

Et si vous voulez en faire encore plus, réservez quelques exemplaires à envoyer gratuitement, avec une petite lettre, à des personnes susceptibles de diffuser une information sur votre journal : la presse locale, le chargé de communication de la mairie, le centre départemental de documentation pédagogique, la MJC, etc. Sans parler bien sûr des deux exemplaires que vous enverrez toujours, systématiquement, au Clemi.

• *Montez des événements*

Avant même d'être acheté, il faut que votre journal soit connu, qu'on en parle. Montez des événements qui valoriseront le titre. Les fêtes, kermesses, loteries, tournois sportifs sous l'égide du journal peuvent donner l'occasion de rassembler du monde. Profitez-en pour organiser des ventes promotionnelles sur des stands accueillants. Préparez des bulletins d'abonnements !

Et si vous débordez d'enthousiasme, vous irez même jusqu'à organiser une réunion-débat sur un thème d'enquête développé dans le dernier numéro.

En dehors des manifestations patronnées par votre titre, vous pouvez tenir un stand au nom du journal à l'occasion de fêtes locales ou sur les marchés. Affiches et autocollants vous aideront à promouvoir votre titre.

Si vous décidez, comme de nombreux journaux, de soutenir vos finances par des ventes diverses (braderies, ventes d'objets de votre fabrication, de croissants), faites bien apparaître qu'il s'agit d'une vente organisée par le journal.

• ***Prenez votre place parmi les journaux lycéens***

Vous êtes plusieurs centaines de titres de journaux à paraître en France chaque année dans les lycées et collèges. Créez des réseaux, échangez des exemplaires. Vous pouvez aussi préparer un petit encart publicitaire sur votre journal et l'échanger avec d'autres.

Des entreprises et des institutions ainsi que la presse quotidienne régionale organisent régulièrement des concours de journaux de jeunes. Ainsi la fondation Varenne (voir « Adresses utiles », page 127), par exemple. Participez ! Qui sait, vous pourrez peut-être gagner un prix de maquette ou de reportage... et ainsi vous faire connaître.

Mais ne limitez pas à de tels concours vos contacts avec des journaux régionaux. N'hésitez pas à entrer directement en relation avec les journalistes professionnels : ils seront ravis de vous accueillir et, sans aucun doute, de vous aider.

Tous les ans, l'association J. Presse (voir au chapitre « La déontologie », page 115) organise « Scoop en stock », le grand festival de la presse d'initiative jeune. Cette manifestation démarre toujours sur un concours de journaux et rassemble environ deux mille lycéens et plus de deux cents titres de journaux et fanzines pendant trois jours en avril. La ville de Poitiers et le lycée du Bois-d'Amour accueillent « Scoop en stock » depuis plusieurs années. Le succès grandissant de cette manifestation est lié à l'originalité de l'animation, à l'impertinence du ton et à la qualité de l'échange qui se produit à ce moment-là entre les jeunes lycéens auteurs de journaux. Pour beaucoup de journaux, adhérents de J. Presse ou sympathisants, « Scoop en stock » est le point d'orgue annuel de la presse lycéenne et collégienne.

Deuxième partie

Connaissez vos droits… et vos devoirs de journaliste lycéen

CHAPITRE PREMIER

« Citoyen » lycéen, informer est ton droit

Dire et écrire ce que l'on pense, recueillir des informations et les rendre publiques est un droit dû à tout citoyen depuis la Déclaration des droits de l'homme et du citoyen de 1789 (art. 11 : « La libre communication des pensées et des opinions est un des droits les plus précieux de l'homme ; tout citoyen peut donc parler, écrire, imprimer librement, sauf à répondre de l'abus de cette liberté dans les conditions déterminées par la loi. »).

Depuis que l'imprimerie existe, la presse a toujours été le lieu privilégié du débat démocratique. Partout dans le monde, le pouvoir de diffuser des informations se protège ou se revendique comme un bien précieux. Il se confisque aussi très facilement, là où le totalitarisme décide d'une vérité et d'une seule.

La force sociale que représente la diffusion d'une information, vraie ou fausse d'ailleurs, a entraîné de tout temps la nécessité d'un accompagnement juridique très précis. Le sens de toute loi démocratique sur la presse est de protéger la vérité, celle qui est propre à chaque citoyen et qui donc n'est pas unique, mais aussi de protéger chaque individu, et la collectivité, d'un usage abusif du droit d'autrui à l'information.

En France, c'est la loi du 29 juillet 1881 qui constitue la base du système juridique de la presse française, même si d'assez nombreuses modifications y ont été apportées depuis.

En ce qui concerne les journaux lycéens, s'ils existent pourtant depuis de nombreuses années, aucune réglementation n'en fixait, jusqu'en mars 1991, les conditions particulières de parution. Entre la liberté absolue de diffusion et un contrôle strict et *a priori* sur tout ce qui paraît dans le lycée, chaque proviseur fixait ses propres limites, en assumant d'ailleurs lui-même la responsabilité de toute publication réalisée ou diffusée dans le cadre de l'établissement. Les nouvelles dispositions réglementaires visent en réalité à déplacer la responsabilité du chef d'établissement vers les élèves, en faisant du lycée un lieu où s'exerce plus complètement le statut de citoyen.

Attention, textes réglementaires

Faire de l'élève un sujet de droit et le rendre responsable de ses écrits était déjà une des priorités de la loi d'orientation de l'Éducation nationale de 1989 :

Loi n° 89-486 du 10/07/1989 (extrait). Chapitre III : Droits et obligations.

Art. 10 : « ... Dans les collèges et les lycées, les élèves disposent, dans le respect du pluralisme et du principe de neutralité, de la liberté d'information et de la liberté d'expression. L'exercice de ces libertés ne peut porter atteinte aux activités d'enseignement. »

En accueillant la parole des jeunes, le système éducatif voulait faire la preuve qu'il comprenait l'importance de l'apprentissage de la liberté et de la responsabilité au sein de l'école. Aussi, en 1991, pour donner suite aux engagements faits aux lycéens en décembre 1990, le ministère a publié un décret sur les droits et obligations des élèves, dont un article traite de leurs publications :

Décret n° 91-173 du 18/02/1991, portant modification du décret n° 85-924 du 30 août 1985. Titre 1 : Des droits des élèves (extrait de l'article Ier) :

« Les publications rédigées par les lycéens peuvent être librement diffusées dans l'établissement. Toutefois, au cas où certains écrits présenteraient un caractère injurieux ou diffamatoire ou en cas d'atteinte grave aux droits d'autrui ou à l'ordre public, le chef d'établissement peut suspendre ou interdire la diffusion de la publication ; il en informe le conseil d'administration. »

Cet article du décret est précisé par une circulaire qui fixe le statut de responsabilité de la presse lycéenne en référence à la loi du 29 juillet 1881. Nous publions *in extenso* le texte de cette circulaire. En effet, il est rédigé de manière suffisamment claire pour que les lycéens aussi bien que les chefs d'établissement puissent y faire référence.

CIRCULAIRE SUR LES PUBLICATIONS

réalisées et diffusées par les élèves dans les lycées

n° 91-051 du 6 mars 1991

La loi d'orientation sur l'éducation (n° 89-486 du 10 juillet 1989) a établi le principe de la liberté d'expression des élèves, notamment dans les lycées et les établissements régionaux d'enseignement adapté (en ce qui concerne les élèves de niveau d'études correspondant).

Le décret en conseil d'État n° 91-173 du 18 février 1991 relatif aux droits et obligations des lycéens qui modifie le décret n° 85-924 du 30 août 1985 modifié relatif aux établissements publics locaux d'enseignement, a défini les conditions dans lesquelles les lycéens peuvent, sous leur responsabilité, rédiger et diffuser des publications dans l'établissement (article 1).

La présente circulaire rappelle les modalités d'exercice du droit de publication et précise le régime des responsabilités qui y est attaché. Elle complète la circulaire d'application relative aux droits et obligations des élèves.

I - Le droit de publication des lycéens

Aux termes de l'article 3.4 du décret n° 85-924 du 30 août 1985 modifié (art. 1 du décret du 18 février 1991) « les publications rédigées par les lycéens peuvent être librement diffusées dans l'établissement ».

Conformément à la loi du 29 juillet 1881 sur la liberté de la presse, cette liberté s'exerce sans autorisation ni contrôle préalable, et dans le respect du pluralisme ; ainsi plusieurs publications peuvent coexister dans le même établissement si les élèves le souhaitent.

L'exercice de la liberté d'expression peut être individuel ou collectif, cet exercice n'exigeant pas la constitution préalable d'une structure juridique de type associatif notamment.

Il serait toutefois dangereux de laisser croire aux lycéens que leur capacité d'action en ce domaine ne connaît pas de limites et qu'ils ne risquent pas de voir mettre en cause leur responsabilité. Il faut souligner, au contraire, que les conditions d'exercice du droit de publication sont très précisément réglementées et qu'a été corrélativement mis en place tout un éventail de sanctions civiles et pénales à la mesure de la liberté d'expression reconnue par la loi.

1. Les règles à respecter

Les lycéens doivent être sensibilisés au fait que l'exercice de ces droits entraîne corrélativement l'application et le respect d'un certain nombre de règles dont l'ensemble correspond à la déontologie de la presse :

— la responsabilité personnelle des rédacteurs est engagée pour tous leurs écrits quels qu'ils soient, même anonymes ;

— ces écrits (tracts, affiches, journaux, revues...) ne doivent porter atteinte ni aux droits d'autrui, ni à l'ordre public ;

— quelle qu'en soit la forme, ils ne doivent être ni injurieux, ni diffamatoires, ni porter atteinte au respect de la vie privée. En particulier, les rédacteurs doivent s'interdire la calomnie et le mensonge.
La loi sur la presse qualifie d'injurieux l'écrit qui comporte des expressions outrageantes mais qui ne contient pas l'imputation d'un fait précis ; elle qualifie de diffamatoire toute allégation ou imputation d'un fait qui porte atteinte à l'honneur ou à la considération de la personne ou du corps auquel le fait est imputé ;

— le droit de réponse de toute personne mise en cause, directement ou indirectement, doit toujours être assuré à sa demande.

2. Les responsabilités encourues

Les lycéens doivent être conscients que, quel que soit le type de publication adopté, leur responsabilité est pleinement engagée devant les tribunaux, tant sur le plan pénal que sur le plan civil. Dans le cas des élèves mineurs non émancipés, la responsabilité est transférée aux parents.

3. Le rôle des chefs d'établissement

Ces principes posés, le chef d'établissement ne saurait pour autant se désintéresser des publications rédigées par les lycéens.

Tout d'abord, il conserve à cet égard un pouvoir essentiel d'appui, d'encouragement ou, à l'inverse, de mise en garde, qui peut faire de lui un conseiller très écouté des élèves. On quitte ici le domaine de l'instruction et de la réglementation génératrices de responsabilité juridique pour celui de la concertation et de la discussion confiantes, essentiel pour le bon fonctionnement de l'établissement et la qualité des relations entre enseignants et élèves. Il est important que les lycéens désireux de créer une publication puissent, s'ils le souhaitent, être guidés dans leur entreprise par des responsables dans l'établissement.

Par ailleurs, dans les cas graves prévus par l'article 3-4 du décret n° 85-924 du 30 août 1985 modifié (art. 1 du décret du 18 février 1991), le chef d'établissement est fondé à suspendre ou à interdire la diffusion de la publication dans l'établissement. Il doit notamment prendre en compte les effets, sur les conditions de vie et de fonctionnement du service public d'éducation à l'intérieur des établissements scolaires, des faits incriminés. L'information du conseil d'administration à laquelle il est tenu peut lui permettre de susciter un débat de nature à éclairer ces décisions et les suites qu'elles appellent.
Enfin, il incombe au chef d'établissement, au cas où les agissements des élèves, par leur nature et leur gravité, lui paraîtraient susceptibles d'appeler une des sanctions disciplinaires, d'engager, dans les conditions réglementaires de droit commun (décret n° 85-1384 du 18 décembre 1985), la procédure correspondante.

II - Les types de publications susceptibles d'être réalisées et diffusées

Les lycéens peuvent choisir, dans le respect des principes rappelés ci-dessus, entre deux types de publications :

a. Les publications de presse au sens de la loi du 29 juillet 1881

Les lycéens qui le souhaitent peuvent se placer sous ce statut relativement contraignant.

Il implique en effet le respect d'un certain nombre de règles et de formalités, telles que la désignation d'un directeur de la publication qui doit être majeur, une déclaration faite au procureur de la République concernant notamment le titre du journal et son mode de publication, et le dépôt officiel de deux exemplaires à chaque publication.

b. Les publications internes à l'établissement ne s'inscrivant pas dans le cadre de la loi de 1881

Ces publications ne peuvent pas être diffusées à l'extérieur de l'établissement. Dans ce cas, les lycéens qui peuvent être mineurs ne sont pas assujettis à l'ensemble des dispositions relatives aux publications de presse. Ils doivent seulement indiquer au chef d'établissement le nom du responsable et, le cas échéant, le nom de l'association sous l'égide de laquelle est éditée la publication.

III - La formation des lycéens

La reconnaissance du droit à l'expression écrite des élèves s'accompagnera d'un dispositif de formation.

Le recteur veillera à ce que des stages répondant à ces objectifs soient inscrits au programme académique de formation.

Il s'agira d'apporter non seulement les connaissances propres à cet outil spécifique de communication qu'est la presse, mais encore d'aborder les notions juridiques de base qui s'appliquent à ce domaine.

Les professeurs-relais déjà formés par le Centre de liaison de l'enseignement et des moyens d'information (CLEMI) pourront intervenir dans ces formations, de même que les représentants des associations agréées en vertu du décret n° 90-020 du 13 juillet 1990 (décret relatif aux relations du ministère chargé de l'Éducation nationale avec les associations qui prolongent l'action de l'enseignement public) et tout professionnel — journaliste, éditeur, libraire, spécialiste du droit de l'information — susceptible d'enrichir le stage de sa compétence.

Les formations pourront être envisagées sous des formes variées s'adressant directement aux élèves, notamment dans le cadre des formations des délégués des élèves, ou s'adressant aux enseignants au travers de stages qui pourraient être mixtes enseignants-élèves.

Le CLEMI remplira, de façon générale, dans le cadre de son statut, une mission de « centre de ressources et d'observatoire » en complément de sa participation à la formation.

Le recteur et l'inspecteur d'académie sont tenus informés par le chef d'établissement des difficultés qui peuvent être rencontrées dans l'application de la présente circulaire, ainsi que des expériences dont la diffusion peut faciliter sa mise en œuvre.

Pour le ministre et par délégation :
le directeur des Lycées et Collèges,
A. LEGRAND

Pour mieux comprendre la circulaire

On trouvera ici quelques réponses pratiques aux questions que posent le plus souvent les lycéens à la lecture de la circulaire sur les publications.

— De quels journaux s'agit-il ?

Dans le texte, il est question des journaux rédigés par les lycéens, qu'il s'agisse de journaux publiés à leur initiative, ou sous la responsabilité d'un professeur, d'un parent ou d'un membre de l'administration du lycée. Il peut s'agir de journaux réalisés dans le cadre d'un club, d'un cours, ou de manière totalement autonome par une équipe de lycéens organisés, ou non, en association.
Il faut noter que l'accès à la liberté de diffusion rappelée dans la circulaire engage « la responsabilité personnelle des rédacteurs », mais le texte ne mentionne pas la structure de responsabilité à l'intérieur de l'équipe de rédaction. Aussi, pour que chacun soit à même de mesurer ses droits et ses devoirs, il est particulièrement important de bien définir cette structure dans un projet de journal. Par exemple, si vous participez à un journal de votre lycée dont le directeur de publication est le proviseur ou un enseignant, c'est lui qui gardera la responsabilité des contenus, et notamment le droit de refuser un article s'il est contraire au projet rédactionnel.

— Le chef d'établissement peut-il censurer un journal d'élèves ?

Le chef d'établissement ne peut plus exercer de censure préalable sur un journal dont il n'est pas lui-même le directeur de publication. Il ne peut plus demander à voir la maquette avant le tirage du journal. Sa responsabilité est dégagée jusqu'à la mise en circulation de la publication. En revanche, lorsque le journal est publié, il est de sa responsabilité de surveiller le respect d'un certain nombre de règles correspondant à la déontologie de la presse et d'engager le dialogue avec les lycéens. Dans les « cas graves », c'est-à-dire en particulier les transgressions graves aux « règles à respecter » énoncées dans la circulaire, il peut prendre la décision de « suspendre » ou d'« interdire » (voir plus loin) la diffusion. Mais il ne peut être question par exemple d'interdire la diffusion d'un journal parce qu'il prendrait une position trop marquée, dans la mesure où il respecte les règles de la déontologie de la presse et ne perturbe pas la vie scolaire.

— Mais si on fait le journal dans le cadre d'un club du lycée ou qu'on utilise le matériel du lycée (papier, photocopie, etc.), il faut bien avoir l'accord de la direction?

Eh oui ! Disons que dans ce cas, vous subissez les contraintes habituelles de la presse. Le lycée ou le foyer socio-éducatif est votre principal « actionnaire » et vous aurez à défendre votre projet rédactionnel pour avoir accès à des moyens de production. Cependant le nouveau statut du FSE, devenu « maison des lycéens », peut permettre un cadre de financement interne qui préserve l'indépendance rédactionnelle. (Voir « Financer, animer, vendre », page 83.)

— Si l'on veut s'éviter les formalités contraignantes du statut « loi de 1881 », on ne peut pas diffuser son journal à l'extérieur de l'établissement, ce qui est très restrictif!

C'est effectivement la limite que prévoit ce texte. Encore faut-il s'entendre sur la signification de « diffusé à l'extérieur de l'établissement ». Avoir quelques abonnés ou proposer son journal à des amis, des parents, ne constitue pas réellement une « diffusion à l'extérieur ».

— La circulaire encourage les chefs d'établissement à s'intéresser de très près aux publications des lycéens. Ne peut-on craindre des abus?

Ce texte a aussi pour vocation de rassurer les chefs d'établissement en leur proposant un cadre délimitant leurs propres responsabilités dans le domaine de la liberté d'expression des lycéens. Il les encourage à faire usage de l'écoute, de la concertation et du dialogue afin d'éviter le plus possible les interférences entre la liberté d'expression et les sanctions disciplinaires.

D'ailleurs, la concertation est souvent plus efficace pour protéger l'ordre à l'intérieur du lycée que la suspension de la parution d'un journal ! Reste aux lycéens à bien connaître leurs droits, à les défendre, et à ne pas hésiter à amener les débats sur leurs publications devant le conseil d'administration.

CHAPITRE II

Les formalités : on peut faire simple

Les obligations de mentions et de dépôts sont liées au statut du journal, selon la loi de 1881.

Mentions et dépôts obligatoires

Si votre journal se veut « une publication de presse » au sens de la loi de 1881, vous devrez déclarer sa création au procureur de la République (voir modèle, page suivante) et répondre à quelques formalités un peu contraignantes, mais pas insurmontables :

• Sur chaque numéro doivent figurer le nom du propriétaire ou de son représentant légal, le nom du directeur de publication (qui doit être majeur) et du responsable de la rédaction, ainsi que le nom et l'adresse de l'imprimeur, et la date du dépôt légal. Pour bénéficier des avantages économiques et fiscaux, la publication devra avoir reçu l'agrément de la CPPAP (voir page 103), être vendue au public et porter la mention du prix de vente.

• Trois (ou quatre) dépôts d'exemplaires sont à effectuer avant la mise en distribution de chaque numéro :

— quatre exemplaires au titre du **dépôt administratif,** à la préfecture, à la sous-préfecture ou, à défaut, à la mairie ;

— deux exemplaires signés par le directeur de publication au titre du **dépôt judiciaire,** au procureur de la République du lieu d'impression ou à défaut à la mairie ;

— cinq exemplaires au titre du **dépôt légal :** quatre à la Bibliothèque nationale et un au ministère de l'Intérieur pour Paris et à la préfecture dans les autres départements (voir « Adresses utiles », page 127) ;

— un dépôt supplémentaire de cinq exemplaires au ministère de la Justice concerne les **publications destinées à la jeunesse.**

Attention : si vous optez pour le statut « publications internes à l'établissement » (voir circulaire, page 95), vous n'aurez aucune obligation de dépôt. Vous devrez seulement mentionner le nom du directeur de publication (qui peut être mineur), ainsi que le nom et le siège social de l'association, si c'est une association qui édite le journal. Il est souhaitable pour vous de conserver les archives de vos publications.

FORMALITÉS : LES SIX RÈGLES D'OR

Le Clemi — Centre de liaison de l'enseignement et des moyens d'information —, qui est chargé (voir circulaire pages 95 à 98) d'une « mission de centre de ressources et d'observatoire » sur les journaux lycéens, préconise pour les journaux lycéens des procédures spécifiques et intermédiaires. Il vous conseille des formalités simplifiées qui officialiseront le journal et lui donneront une existence légale par rapport à l'extérieur :

1. Vous ferez toujours figurer en clair dans chaque numéro le nom du directeur de publication. Il sera le responsable légal du contenu du journal.

2. Vous mentionnerez dans chaque numéro l'adresse du journal, le numéro de série, éventuellement son prix et sa périodicité, l'adresse de l'imprimeur (ou « imprimerie spéciale », s'il est imprimé par vos soins).

3. Vous indiquerez toujours, et le plus précisément possible, la date de parution. C'est intéressant pour le lecteur ! En plus cela constitue une référence juridique importante en cas de procédure contre le journal.

4. Si vous vendez votre journal, vous déposerez chaque numéro à la préfecture, ou à la sous-préfecture, ou plus simplement à la mairie.

5. Si vous voulez le vendre sur la voie publique, vous demanderez l'autorisation à la mairie et vous devrez déposer le nom et l'adresse des vendeurs.

6. Dans tous les cas, vous enverrez toujours, à chaque numéro, deux exemplaires au Clemi (Clemi, journaux d'élèves, 391, rue de Vaugirard, 75015 Paris).

DÉCLARATION D'INTENTION DE PARAITRE

Le « dépôt de titre » ou déclaration d'intention de paraître se fait au parquet du procureur de la République du lieu d'impression, en 5 exemplaires, dont un sur papier timbré (timbre fiscal à 30 francs). C'est le directeur de publication qui signe. En retour, le parquet délivre un récépissé, qui sera demandé pour la suite des démarches.

Modèle de déclaration

Je soussigné (nom, prénoms, domicile personnel), jouissant de mes droits civils et politiques, déclare avoir l'intention de publier, comme directeur de publication, un journal ayant pout titre...................., lequel paraîtra (périodicité), et sera imprimé chez (nom et adresse de l'imprimeur).

Fait à............................, le.......................

signature

Les autres déclarations

Elles ne sont pas obligatoires, mais elles présentent de l'intérêt dans certains cas.

- ***Demande d'agrément à la Commission paritaire des publications et agences de presse (CPPAP)***

C'est une démarche qui peut être utile à certains journaux lycéens, ceux qui utilisent les services d'un imprimeur par exemple. Elle sert à bénéficier d'avantages fiscaux (TVA réduite pour l'imprimerie et la publicité). Elle permet aussi d'accéder à un tarif postal réduit si l'on diffuse le journal par la poste.

La demande se fait en principe une fois pour toutes sur formulaire spécial, auprès du service juridique et technique de l'information (CPPAP, 69, rue de Varenne, 75700 Paris). Si la publication remplit un certain nombre de critères (notamment un caractère d'intérêt général), les mentions obligatoires ainsi qu'une périodicité réelle au moins trimestrielle et certaines conditions de vente, la commission émet un avis favorable et remet un certificat d'inscription dont il faudra porter le numéro sur chaque parution. En attendant la réponse de la commission, on peut bénéficier des avantages en inscrivant la mention : « CPPAP en cours ».

• ***Inscription à l'International Standard Serial Number (ISSN)***

Cette démarche n'est pas obligatoire. Elle ne s'effectue qu'une seule fois, avec le premier numéro. Elle sert à identifier au niveau international les titres des publications en série. Demander un numéro d'identification ISSN inscrit votre titre dans la mémoire collective mondiale.

Il suffit d'accompagner votre demande de deux exemplaires du journal et de l'envoyer au Centre national d'enregistrement des publications en série (CNEPS, 2, rue Vivienne, 75084 Paris Cedex 02). Vous obtiendrez un numéro que vous porterez sur chaque sortie de votre journal : ISSN n°....

Il y a des journaux lycéens qui choisissent de faire toutes les démarches prévues par la loi : mentions et dépôts obligatoires, agrément CPPAP et déclaration ISSN. Cette officialisation leur donne plus de poids, leur assure une certaine crédibilité et protège leur indépendance rédactionnelle. *Le Tortio,* journal des élèves du LP Georges-Braque à Argenteuil (Val-d'Oise), tout officiel qu'il soit, fait partie de ces journaux lycéens dont on dit qu'ils ont « des tripes » ! On peut aussi se reporter à la couverture du *Millefeuille* (page 45), qui porte toutes les mentions officielles.

CHAPITRE III

Un peu de droit de la presse

Jusqu'en mars 1991, la responsabilité des écrits des lycéens pesait sur les chefs d'établissement. Aujourd'hui, les lycéens assument eux-mêmes la responsabilité civile et pénale de leurs écrits et sont soumis à la législation sur les délits de presse. Sans doute leurs journaux vont-ils être regardés de près.

Nul n'est censé ignorer la loi. Aussi avant de publier, mieux vaut connaître les principales limites et contraintes juridiques qui accompagnent la liberté de la presse, ainsi que la définition de quelques-uns des délits prévus par la loi : celle de 1881 et les modifications qui y ont été apportées au fil de l'histoire, la dernière datant du 1er août 1986.

On ne traitera ici que des dispositions de la loi qui peuvent concerner les journaux lycéens. Pour en savoir plus sur le droit de la presse, on pourra consulter l'*Abrégé du droit de la presse* (CFPJ), d'où sont extraites les informations qui suivent.

Les limites de la liberté

La loi de 1881 édicte le principe de la liberté de la presse comme la norme. Les limitations ou interdictions, formulées dans un souci d'ordre public ou de protection des personnes, ne sont en principe que l'exception et ne peuvent donner lieu qu'à une répression *a posteriori,* et au terme d'une procédure judiciaire. On verra qu'il est par exemple très souvent délicat de juger si des propos présentent ou non un caractère diffamatoire. Par ailleurs, l'évolution ultérieure de la loi a élargi le champ des délits en les faisant résulter de textes divers qui ne concordent pas toujours entre eux. La plupart de ces délits font d'ailleurs bien souvent l'objet de tolérances. On trouvera ici une brève synthèse des points les plus sensibles ou qui concernent plus directement les journaux lycéens.

Diffamation, injure : les mots « boomerang »

C'est là que l'on vous attend, vous les lycéens, qui exercez votre plume néophyte à l'art de dénoncer les injustices, les abus, les excès dont vous êtes les victimes ou les témoins. Tous les journalistes vous le diront :

« Il est toujours moins périlleux de dire du bien que du mal de qui ou de quoi que ce soit.

« Il est toujours moins dangereux de parler des choses que des personnes. »

(D'après M. Friedman, *Liberté des journalistes et des auteurs,* CFPJ).

Énoncer la vérité est parfois bien complexe. Il faudra bien peser chacun de vos mots chaque fois qu'il vous viendra à l'idée de mettre en cause quelqu'un (fût-ce une personne dite « morale », c'est-à-dire une association ou un organisme constitué).

Les journalistes en arrivent à considérer la diffamation comme un risque du métier, tellement il est difficile de prévoir si des propos vont être qualifiés d'injurieux ou de diffamatoires par les juges. Les limites de l'acceptable sont parfois subtiles. Il est important cependant de bien savoir distinguer les délits suivants.

• *La diffamation*

« Toute allégation ou imputation d'un fait qui porte atteinte à l'honneur ou à la considération de la personne ou du corps (groupe social constitué) auquel il est imputé est une diffamation. » C'est le risque majeur. D'autant plus qu'il n'y a pas que les propos qui comptent ! La nature des intentions et du ton peuvent constituer le délit de diffamation. Attention :

1. Une diffamation comporte l'imputation d'un fait précis (« M. Dufour a mis du poison dans les épinards »).

2. Il peut y avoir diffamation même si la personne ou l'organisme n'est pas expressément nommé. Il suffit qu'il soit clairement identifiable (« La personne qui s'occupe de faire la cuisine a mis du poison... »).

3. Il y a diffamation même si les faits rapportés sont parfaitement exacts (« M. Ducanard, directeur de publication du *Petit Lycéen illustré,* s'est offert un timbre-poste en se servant dans la caisse de l'association qui gère le journal »). Si on peut produire une preuve absolue de la vérité (témoignages variés, pièces à conviction), la bonne foi de l'auteur de la diffamation sera reconnue. Il pourra être relaxé à condition que son intention n'ait pas été jugée par trop malveillante.

4. Il y a des cas où la preuve de la vérité n'est pas recevable : lorsque les faits concernent la vie privée (« Untel couche avec Unetelle » ou « Mme Dupif a un gros nez »). Et oui, c'est diffamatoire même si c'est vrai ! Il en est de même lorsque les faits font état d'une condamnation pénale prescrite, amnistiée ou effacée par la réhabilitation, ou remonte à plus de dix ans.

• ***L'injure***

« Toute expression outrageante, terme de mépris ou invective qui ne renferme l'imputation d'aucun fait, est une injure. » (« M. Dugland est un enfoiré. ») Rien ne définit en fait quels sont les mots ou expressions considérés comme injurieux. La tolérance en la matière est assez sévère, car il n'y a pas que les mots qui seront pris en considération, mais aussi la manière de les dire, le ton, le contexte.

L'injure et la diffamation seront particulièrement punies si elles ont pour objet :

1. Les ministres, les membres du Parlement, les élus, les fonctionnaires, corps constitués, cours, tribunaux, armées et autres administrations publiques.

2. Le président de la République, un chef d'État ou de gouvernement étranger, ainsi que les ambassadeurs et agents diplomatiques accrédités. Il y a dans ce cas **délit d'outrage** qui entraîne des peines plus lourdes.

3. Les personnes ou groupes de personnes, en raison de leur origine, de leur appartenance à une ethnie, une nation, une race ou une religion déterminée.

• ***Le droit de critique : une question de savoir-faire***

Si les délits d'injure et de diffamation sont comme des épées de Damoclès au-dessus de la tête des journalistes, il ne leur est pas moins reconnu le droit de critiquer et de polémiquer. Tout est dans la nuance et dans la forme. On doit pouvoir apprécier votre bonne foi et votre absence d'animosité personnelle ou d'intention de nuire. Et dans le domaine artistique ou littéraire, la liberté d'expression est assez large, tant que vous ne visez pas la personne de l'auteur dans son honneur, sa considération ou sa probité. Essayez de critiquer ou de polémiquer dans ces conditions, c'est un exercice littéraire périlleux !

Incitation aux crimes, aux délits ou à la haine raciale

La violence, la drogue, le suicide, le racisme, autant de sujets qui préoccupent les lycéens, et qu'ils abordent constamment dans leurs journaux, bien souvent pour appuyer leur refus de ces comportements. A ceux qui voudraient au contraire y inciter leurs lecteurs, signalons les circonstances où il y aurait risque de poursuites :

— Est interdite, même si elle n'est pas suivie d'effet, toute provocation directe au vol, meurtre, pillage, incendie, coups et blessures, mauvais traitements, crimes contre la sûreté de l'État.

— L'interdiction s'élargit, en règle générale, à toute provocation directe aux crimes et aux délits, si elle est suivie d'effet, même sous forme de tentative.

— De plus, en ce qui concerne les journaux destinés à la jeunesse, la loi du 16 juillet 1949 interdit de publier « des articles ou des images présentant sous un jour favorable le banditisme, le mensonge, le vol, la paresse, la lâcheté, la haine, la débauche et tous les actes qualifiés crimes ou délits, ou de nature à démoraliser l'enfance et la jeunesse, ou à inspirer et entretenir des préjugés ethniques ».

Les fausses nouvelles

« Dorénavant, des vins millésimés seront servis tous les jours à la cantine dans des verres en cristal », voilà une fausse nouvelle qui ne risque pas de vous attirer des poursuites judiciaires. A moins que sa publication n'entraîne une rébellion armée de vos camarades contre le jus de pomme-duralex quotidien.

En effet, « la publication, la diffusion ou la reproduction de nouvelles fausses, de pièces fabriquées, falsifiées ou mensongèrement attribuées à des tiers », ne sont punissables, en règle générale, que si elles ont été « susceptibles d'avoir troublé la paix publique » et ont été faites « de mauvaise foi ». La bonne foi, en l'occurrence, paraît être à la fois l'ignorance du caractère fallacieux de la nouvelle et l'absence d'intentions malignes.

Les fausses nouvelles les plus réprimées sont par exemple celles qui sont « de nature à ébranler la discipline ou le moral des armées et à entraver l'effort de guerre de la nation ». Encore faudrait-il que votre journal ait un certain impact au plan national pour parvenir à un tel résultat. Peuvent également être poursuivies les nouvelles qui seraient « de nature à porter atteinte au crédit de la nation » ou « ayant pour but de détourner des suffrages ou d'entraîner les abstentions en période électorale ».

Les interdictions de publier

Vous avez votre scoop ? Vous l'avez vérifié ? Vous êtes sûr de la véracité des révélations que vous allez faire ? Bravo, mais attention, il existe encore des informations qu'il est interdit de publier, même si elles sont exactes.

• *Interdictions relatives à la justice*

Les interdictions les plus nombreuses ont trait à l'administration de la justice, que ce soit au stade de l'information, de l'instruction ou de la procédure, des débats, de la publication des jugements et de leurs suites. Sans entrer dans le détail, il est bon d'en connaître le principe :

— D'une manière générale, l'article 226 du Code pénal punit « quiconque aura (...) publiquement cherché à jeter le discrédit sur un acte ou une décision juridictionnelle, dans des conditions de nature à porter atteinte à l'autorité de la justice ou à son indépendance » et prévoit explicitement que cette infraction peut être commise par voie de presse. Sont autorisés toutefois « les commentaires purement techniques, les actes, paroles ou écrits tendant à la révision d'une condamnation ». En clair, il est toujours nécessaire de prendre beaucoup de précautions dès que l'on veut traiter d'une décision de justice, mais il ne faut pas non plus pousser l'autocensure trop loin, la fonction « redresseur de torts » de la presse est reconnue.

— Attention aux informations concernant les mineurs : on ne peut publier de texte ou d'illustration à propos du suicide des mineurs (sauf autorisation du procureur de la République) ou de procès concernant les mineurs, ni rien qui permette d'identifier des mineurs en fugue, abandonnés ou délaissés (sauf autorisation judiciaire ou administrative). A l'occasion de la publication d'un jugement, l'identité du mineur doit également être protégée ; de même pour un mineur recherché pour crime ou délit.

• ***Les autres interdictions***

Il est bon de savoir que la justice ne plaisante pas avec les informations militaires, les secrets de la défense nationale ou les travaux des commissions d'enquêtes parlementaires. La loi les protège et leur diffusion n'est absolument pas libre.

En revanche, il existe des formulations dont l'interprétation évolue avec l'époque : on sera beaucoup plus tolérant aujourd'hui qu'il y a trente ans sur l'interdiction de publier des textes ou des images « constituant des outrages aux bonnes mœurs ou ayant attiré l'attention sur une occasion de débauche ».

Certes, votre opinion vous appartient et vous avez le droit de la faire partager, mais soyez attentif, quand vous l'exprimerez dans votre journal, qu'elle ne ressemble pas trop à une « incitation des militaires à la désobéissance dans le but de les détourner de leur devoir ». En effet, la provocation à l'insoumission ou à la désertion sont susceptibles de poursuites ainsi que la provocation à la « démoralisation de l'armée et de la nation », mais les tolérances sont assez larges, et l'expression d'une opinion personnelle même antimilitariste ne constitue pas forcément une provocation.

• ***La protection de la vie privée***

Vous ne pourrez ni enregistrer ni photographier une personne sans son consentement, et surtout pas en publier les résultats. Pas plus que vous ne pourrez réaliser des montages avec les paroles ou l'image d'une personne, sans son consentement. Méfiez-vous de l'utilisation que vous faites des photos figurant des personnes que vous ne connaissez pas. Celles-ci pourraient très bien s'en plaindre.

Dans l'interview, le journaliste peut utiliser librement les éléments recueillis, dans le style qui lui est propre. Il peut condenser, regrouper des témoignages, mais il doit rester fidèle à la pensée de son interlocuteur, ne pas déformer ses propos et respecter sa personnalité morale.

On doit accepter de faire relire une interview, une fois rédigée, à un interviewé qui le demanderait.

Reproduire un article, un dessin, une photo

Un dessin désopilant, ou une superbe photo, paru dans un autre journal, cela peut paraître bien tentant de le photocopier, parce qu'il irait vraiment bien, pour illustrer tel ou tel article. On peut même être tenté de reproduire une page entière de BD, ça attirerait les lecteurs ! Et puis pourquoi pas cet extrait d'article qui exprime ma pensée beaucoup mieux que je ne le ferais ?

Il s'agit d'un terrain délicat. D'abord, parce que toute la production d'œuvres littéraires et artistiques est réglementée par des lois qui protègent les auteurs et les œuvres. Ensuite, parce que vous tromperiez votre lecteur en le privant de votre originalité et en lui servant discrètement la pensée de quelqu'un d'autre. Les reproductions ne sont légalement autorisées que pour l'usage privé.

Mais en ce qui concerne les textes écrits, une exception est faite pour le droit de citation. Celle-ci doit être brève et accessoire à l'article, pour illustrer ou expliquer un propos par exemple. On devra dans tous les cas indiquer clairement le nom de l'auteur et de l'ouvrage d'où est extraite la citation. La loi ne précise pas les limites de longueur de la citation par rapport au texte impliqué.

Si l'on veut reproduire un article entier, une photographie (artistique ou documentaire) ou un dessin, on ne peut le faire en principe qu'avec l'autorisation de l'auteur, de l'agence de presse ou du journal qui en détient les droits. Il suffit de faire une demande écrite, en joignant par exemple un numéro précédent, et en expliquant dans quel contexte vous souhaitez cette reproduction. Une agence vous demandera peut-être de payer des droits (proportionnels au tirage de votre journal), mais il y a peu de chance qu'on vous le refuse.

Et même si vous omettez de demander l'autorisation, n'oubliez jamais de citer la source, vous resterez au moins honnête avec votre lecteur.

• ***Quelques cas particuliers***

Une information brute, non commentée, ne constitue pas une œuvre et n'est donc pas protégée de la reproduction. C'est le commentaire qui constitue l'originalité.

Les revues de presse sont constituées d'articles juxtaposés afin d'inciter le lecteur à la réflexion. Mais le rédacteur n'a pas un rôle actif dans le débat d'idées qu'il suscite. On peut donc les pratiquer à condition d'employer les guillemets et, bien sûr, de citer les sources.

Les parodies et les pastiches sont des œuvres originales, mais inspirées d'œuvres antérieures pour lesquelles il convient normalement d'obtenir l'autorisation de l'auteur, si elles sont encore protégées par le droit d'auteur.

Le droit de réponse : à respecter sans se laisser envahir

Toute personne nommée ou désignée dans un journal peut demander un droit de réponse au directeur de la publication, même si l'article incriminé n'a aucun caractère préjudiciable.

La demande de droit de réponse doit être adressée par lettre dans un délai de un an après la publication. Elle se négocie avec le directeur de publication qui peut faire valoir que l'article ne contient pas de termes contraires aux lois, aux bonnes mœurs, à l'intérêt des tiers ou à l'honneur (voir « La déontologie », page 115) du journaliste.

Dans la pratique, les journaux lycéens ne sont pas envahis de demandes de droit de réponse. Mais cela se produit. Dans ce cas, mieux vaut faire preuve de bonne volonté de part et d'autre et chercher à se mettre d'accord avec l'intéressé sur le texte d'un bref « rectificatif » ou d'une « mise au point ».

Peuvent demander un droit de réponse les personnes physiques ou morales (associations, sociétés, etc.). Il suffit qu'elles soient identifiables sans ambiguïté par l'article les mettant en cause.

Cette insertion, gratuite, devra figurer dans le numéro suivant, à la même place et dans les mêmes caractères que l'article qui l'a provoqué (50 lignes minimum, même si l'article incriminé est moins long, 200 lignes maximum, même si l'article est plus long).

Cette démarche n'empêche aucun autre droit de se manifester (notamment les poursuites pour diffamation).

Assumer la responsabilité de ses écrits

Devant une feuille de papier, il est tentant de se laisser aller à des expressions excessives envers quelqu'un, parce que ça soulage, surtout si on le fait avec humour ou dans un style un peu provocateur. De toutes manières, un article, signé, même virulent, est plus acceptable que la violence physique (mais ça peut faire très mal quand même !).

Il faut savoir qu'écrire dans un journal qu'un enseignant a giflé un élève peut entraîner une plainte en diffamation, même si c'est vrai. Et il sera bien souvent difficile d'apporter la preuve de la vérité.

La circulaire sur les publications des lycéens incite les chefs d'établissement, les délégués et les conseils d'administration à régler ces litiges à l'intérieur de l'établissement en s'appuyant, bien sûr, sur les critères de la loi. Mais il pourrait arriver, exceptionnellement, qu'une poursuite en justice soit engagée.

• *Qui peut se plaindre ?*

Dans les cas d'injure ou de diffamation, d'atteinte à la vie privée, une personne qui se sent mise en cause par des propos qui lui semblent attentatoires à sa personne ou à sa renommée, peut déposer une plainte auprès du procureur de la République. En outre, certains organismes et associations de défense des droits de l'homme sont habilités à intenter des procès contre les atteintes à l'ordre public (les incitations à la haine raciale par exemple) et autres délits de presse.

• ***Qui est responsable ?***

Le directeur de publication est civilement et pénalement responsable de la publication. Lors de poursuites exercées pour délits de presse, c'est lui qui est passible de sanctions pénales en tant qu'auteur principal des infractions poursuivies. L'auteur de l'article incriminé, le vendeur du journal et l'imprimeur seront considérés comme complices.

Pour un journal de statut journal interne, c'est le premier non-anonyme de la chaîne — directeur de publication, auteur, vendeur, imprimeur — qui sera considéré comme responsable des écrits délictueux.

• ***Quels sont les risques ?***

Les risques sont de se voir déclarer coupable de diffamation ou d'injure, ou d'atteinte à la vie privée ou à l'ordre public. Deux options sont ouvertes aux plaignants :

— la voie pénale, qui peut aboutir à une condamnation pénale (une amende en général) et à une indemnisation de la victime ;

— la voie civile, qui ne peut aboutir qu'à une condamnation pécuniaire qui vient en réparation du préjudice subit par la victime du délit.

Il est à noter qu'un mineur est responsable pénalement, car l'opinion de chacun n'appartient qu'à lui-même. Par contre, les parents d'un mineur seront, la plupart du temps, responsables civilement.

La condamnation pénale est fonction de l'importance du délit, en commençant par le « franc symbolique » qui représente une condamnation morale. La réparation du préjudice est bien sûr fonction de ce préjudice.

CHAPITRE IV

La déontologie

Le droit de la presse est constitué d'un ensemble de dispositions légales auxquelles est soumis tout citoyen, journaliste ou non, lorsqu'il fait usage de son droit à l'information. Il n'y a pas d'autres lois définissant l'exercice du journalisme en tant que profession.

Un code moral, mais pas une loi

Contrairement à d'autres professions, comme les médecins ou les avocats, le journaliste n'est pas assermenté, c'est-à-dire pas contrôlé par une instance professionnelle légale (comme l'Ordre des médecins ou des avocats).

La déontologie est, dans le cas des journalistes, un code moral complémentaire que se donne la profession pour assurer sa crédibilité auprès du public et contrôler les relations entre confrères.

Les journalistes professionnels ont un code déontologique énoncé dans un certain nombre de textes élaborés par leurs organisations syndicales, dont le plus connu en France est la charte de 1918 (voir ci-dessous).

De leur côté certains journalistes lycéens ont souhaité en définir un, qui leur soit propre.

La charte du journaliste professionnel

Élaborée en 1918 par le Syndicat national des journalistes (SNJ), révisée en 1938, la charte du journaliste professionnel est reconnue, en France, par la plupart des organisations professionnelles de journalistes.

Là aussi, c'est une question d'interprétation : une expression comme « n'accepte que des missions compatibles avec sa dignité professionnelle » laisse à chacun le soin de fixer le niveau de sa dignité.

Dans certains cas la déontologie des journalistes peut accepter des actes qui seraient contraires à la loi... mais ce n'est pas pour autant que ces actes deviennent légaux.

Un exemple : en 1990, deux journalistes du *Parisien* passent les barrières d'un terrain privé, celui du Commissariat à l'énergie atomique (CEA), pour prélever et faire analyser un petit sac de terre dont ils avaient tout lieu de penser qu'il dépassait largement les normes admises de radioactivité. Les résultats ont dépassé leurs prévisions !

LA CHARTE DU JOURNALISTE

Un journaliste, digne de ce nom, prend la responsabilité de tous ses écrits, mêmes anonymes; tient la calomnie, les accusations sans preuves, l'altération des documents, la déformation des faits, le mensonge pour les plus graves fautes professionnelles; ne reconnaît que la juridiction de ses pairs, souveraine en matière d'honneur professionnel; n'accepte que des missions compatibles avec la dignité professionnelle; s'interdit d'invoquer un titre ou une qualité imaginaires, d'user de moyens déloyaux pour obtenir une information ou surprendre la bonne foi de quiconque; ne touche pas d'argent dans un service public ou une entreprise privée où sa qualité de journaliste, ses influences, ses relations seraient susceptibles d'être exploitées; ne signe pas de son nom des articles de réclame commerciale ou financière; ne commet aucun plagiat, cite les confrères dont il reproduit un texte quelconque; ne sollicite pas la place d'un confrère, ni ne provoque son renvoi en offrant de travailler à des conditions inférieures; garde le secret professionnel; n'use pas de la liberté de la presse dans une intention intéressée; revendique la liberté de publier honnêtememt ses informations, tient le scrupule et le souci de la justice pour des règles premières, ne confond pas son rôle avec celui du policier.

Charte des devoirs du journaliste

Ils les ont publiés, l'affaire a fait assez de bruit pour obliger les intéressés à faire le point sur l'utilisation de leurs déchets nucléaires.

On a vu également des journalistes modifier leur identité pour enquêter dans des milieux réputés fermés ou impénétrables : on a même vu un journaliste se faire passer pour un enseignant remplaçant pour enquêter de l'intérieur sur la réalité des lycées !

Pas plus qu'un autre citoyen, le journaliste n'a le droit de se livrer à de telles pratiques. Il n'est pas assermenté, comme le serait un inspecteur de police. Mais la profession a un regard bienveillant, tant que l'honnêteté du journaliste lui permet de rester au service de l'information et non pas du sensationnalisme. Les magistrats montrent d'ailleurs une certaine tolérance qui va dans le même sens.

Ce code moral ne présente pas que des certitudes quant à ce qu'il faut faire ou ne pas faire. La réflexion déontologique est constante chez les journalistes, autour de questions comme : « Peut-on et doit-on tout montrer? », « Faut-il et peut-on séparer les faits bruts du commentaire? », « Jusqu'où peut-on accepter une mise en scène de l'information », etc.

La déontologie des journalistes lycéens

Depuis 1982, des journaux lycéens se sont fédérés en une association qui s'appelle aujourd'hui J. Presse. Elle est animée par quelques jeunes et anciens lycéens atteints du virus de la liberté d'expression. Ils n'ont pas attendu l'existence des circulaires ministérielles pour faire reconnaître les droits, et même parfois l'existence, des journaux des 11-25 ans qu'ils appellent « la presse d'initiative jeune ».

En janvier 1991, J. Presse lançait la carte de presse jeune à destination des journalistes jeunes, en accompagnant son attribution d'une adhésion à une charte déontologique.

• *J. Presse : ne nous prenez pas au pied de la lettre !*

Pascal Famery, le président de J. Presse jusqu'en 1991, a été l'un des principaux instigateurs de toute la réflexion lycéenne qui a abouti à la création de cette carte et de la charte qui l'accompagne (entretien du 3/6/1991).

— *Pourquoi avoir imaginé une déontologie qui soit propre aux lycéens ? La charte du journaliste professionnel ne peut-elle convenir quel que soit l'âge du journaliste ?*

Non, les jeunes doivent s'approprier la démarche en la liant à leur projet. De plus, la charte du journaliste est très précise sur des aspects qui ne concernent pas, en général, les jeunes : par exemple sur tout ce qui concerne le journalisme d'investigation, la protection des sources, les rapports avec la police ou entre confrères.

En revanche, la charte des jeunes journalistes marque une volonté de se réclamer des grands principes de responsabilité et de respect d'autrui du journaliste, en y ajoutant quelques éléments spécifiques propres à la réalité de cette presse en France. S'engager à assurer le droit de réponse, c'est important. Dans cette charte, les lycéens assument et revendiquent un appel au dialogue, avant même l'existence de tout texte de circulaire incitant les chefs d'établissement à s'intéresser à ces journaux.

Et la phrase la plus importante pour nous est celle-ci : « Refuse le mensonge et la calomnie, sans pour autant renoncer à des modes d'expression humoristiques ou satiriques qui ne sont pas nécessairement à prendre au pied de la lettre. » C'est clairement pour montrer que se réclamer d'une charte, ce n'est pas singer les adultes ou devenir trop sérieux ! Nous voulons préserver et insister sur ce caractère insolent, virulent et subversif de notre presse, et ne pas être assimilés à la presse professionnelle.

— *Quelle démarche avez-vous suivie pour que cette charte colle bien avec la réalité et les besoins des lycéens ?*

C'est la constatation de nombreux cas de censure, dont nous faisaient part les lycéens, qui nous a amené à réfléchir sur la question. Et des censures pas toujours bien claires. Comment admettre, par exemple, qu'un proviseur exige de voir la maquette avant le tirage mais refuse qu'on le dise dans le journal !

Nous étions conscients de deux écueils à éviter. Un, ne pas se contenter d'affirmations faciles comme : les journaux lycéens peuvent tout dire ; deux, ne pas tomber dans une énonciation de droits et devoirs trop stricts et verrouillés.

Devant la complexité du problème, nous avons choisi de nous associer des partenaires associatifs et institutionnels comme la Ligue des droits de l'homme, la Ligue de l'enseignement, le Clemi ou l'Institut de l'enfance et de la famille. Nous avons travaillé ensemble avec l'aide d'un avocat, Alain Weber, pour aboutir, en 1989, à une première convention qui recensait les difficultés.

On s'est vite aperçu que les situations étaient très variables d'un lycée à l'autre. Nous avions des exemples de certains journaux à forte personnalité qui avaient pu entrer dans un système de dialogue et se préserver un espace de liberté, et d'autres non.

En gros, le niveau de la liberté d'expression était complètement lié à la personnalité du proviseur. *Débandade,* à Mazamet, pourtant très provocateur, était autorisé sans problème, alors que *Le Petit Prince* nous écrivait : « Nous avons été très affectés par cette remise en question de plusieurs mois de travail, et nous ne savons pas à qui nous adresser à part vous », après avoir essuyé une saisie de son numéro 2.

LES JOURNALISTES JEUNES ET LYCÉENS

1. ont droit à la liberté d'expression, garantie par la déclaration universelle des droits de l'homme et la Convention internationale sur les droits de l'enfant ;
2. assument personnellement la responsabilité de tous leurs écrits, même anonymes ;
3. garantissent le droit de réponse à toute personne qu'ils mettraient en cause ou qui pourrait se reconnaître dans leurs écrits ;
4. s'interdisent la calomnie et le mensonge, sans pour autant renoncer à des modes d'expression satiriques ou humoristiques qui ne doivent pas nécessairement être pris au pied de la lettre ;
5. considèrent qu'à partir du moment où ils respectent ces règles, aucun contrôle préalable ne doit s'exercer sur leurs journaux, notamment dans les établissements scolaires ;
6. sont ouverts à toute discussion sur leurs publications.

Les projets eux-mêmes nous sont apparus très divers. Ceux qui créent un journal pour animer le lycée vivent un rapport à la liberté d'expression moins épidermique et sont plus aptes aux compromis que ceux dont le projet est justement la liberté de parole !

Nous avons abouti à un système où il est proposé à chacun d'engager individuellement sa responsabilité, autour d'une charte et d'une carte. C'est le point d'accord auquel nous sommes parvenus entre toutes les familles de journaux lycéens ou fanzines, même les plus virulents. Car nous nous sentons concernés par toutes ces familles dont les frontières ne sont pas définitivement marquées. C'est au cours de la 2e Convention pour les droits de la presse jeune, lors du festival « Scoop en stock 90 » (voir pages 89-90), devant Lionel Jospin, que la décision a été prise.

— *Pourquoi certaines équipes choisissent-elles, malgré les difficultés, de rester à l'intérieur du lycée ?*

La première raison est économique. Pour certains, il paraît insurmontable de trouver des financements pour fabriquer le journal, et ils préfèrent utiliser les commodités que le lycée peut apporter : subvention de départ, accès à la photocopie, ordinateur, et parfois aussi l'aide d'un professeur. Quitte à ce qu'il y ait des contreparties et des comptes à rendre.

Mais cela correspond en fait bien souvent à un vrai souci d'animer le lycée en utilisant la structure d'un club-journal ou du foyer. Cela peut aller jusqu'à un fonctionnement en boîte aux lettres où l'on reçoit des articles écrits par tous les lycéens, sans forcément avoir un projet rédactionnel précis. On a des choses à dire sur le lycée ou sur la vie en général, et c'est là que ça peut se dire. L'équipe du journal s'occupe alors de l'organisation générale, de la maquette et de la diffusion.

C'est le journal de communication interne des élèves, il ne peut exister qu'à l'intérieur du lycée.

Dans certains lycées, mais c'est malheureusement encore trop rare, il y a un véritable jeu démocratique de l'information, avec l'existence de plusieurs journaux. Je suis convaincu qu'un journal trop respectueux trouvera un jour ou l'autre son contestataire !

COMMENT DEMANDER LA CARTE DE PRESSE JEUNE ?

Le responsable du journal fait la demande en envoyant à J. Presse un exemplaire du journal. Il peut demander autant de cartes qu'il y a de membres (y compris dessinateurs, maquettistes ou vendeurs) au sein de l'équipe. Il y joint la liste des noms avec une photo par personne et le règlement (50 francs pour l'adhésion à J. Presse et 50 francs par personne pour la carte de presse).

La carte est renouvelable chaque année et elle est accessible à tous les jeunes de 11 à 25 ans, lycéens ou non.

— Comment fonctionne l'attribution de la carte ?

C'est surtout symbolique, ce n'est pas une carte de travail ni une carte d'identité, elle ne donne aucun avantage, *a priori.* Elle manifeste tout d'abord un accord du détenteur avec la charte, pour lui assurer une reconnaissance par l'environnement : adultes, institutions, à l'intérieur et à l'extérieur du lycée. La carte est aussi un point de ralliement entre les acteurs de cette presse qui souhaitent assumer leurs propres responsabilités.

Nous souhaitons qu'elle devienne un fait établi. C'est aux pionniers qui la prennent de la faire vivre, et ça commence à fonctionner. Ils se font reconnaître un statut de journaliste, même particulier, ils arrivent à obtenir des entrées dans les musées ou les concerts. Petit à petit, la carte est amenée à devenir l'expression d'un « lobby ». S'il y a des centaines ou des milliers de jeunes qui ont cette carte, ça peut peser sur les habitudes et sur la prise en compte de cette forme de presse.

Pour faire valoir le sérieux de la carte, nous l'avons fait parrainer par un comité de journalistes professionnels connus pour leur qualité d'investigation ou leur causticité.

Toutefois, la mise en carte et le code déontologique peuvent gêner certains. Nous ne sommes pas là pour mettre des barrières à l'expression, mais pour donner une crédibilité à ceux qui le souhaitent. Aucun adhérent à J. Presse n'est tenu de prendre la carte de presse jeune. Par contre, il faut adhérer à J. Presse pour demander la carte, parce que, pour nous, c'est le réseau qui fait la valeur de la carte. Pour l'instant, nous sommes dans une phase expérimentale et il n'y a volontairement aucune clause restrictive, si ce n'est d'avoir déjà réalisé un numéro du journal au titre duquel on demande la carte.

Nous envisageons maintenant de développer les possibilités que pourrait offrir l'appartenance au réseau de cette carte : profiter d'une forme de jumelage avec la « carte jeune » ; ouvrir l'accès à une publicité institutionnelle comme la lutte contre le sida ou la toxicomanie. Ça se pratique déjà en Allemagne et, pour nous, c'est la prochaine étape.

Lexique

BAS DE CASSE. Lettre minuscule.

B.A.T. Abréviation pour « bon à tirer ». Se traduit par une signature sur le montage.

BOUCLAGE. Instant où le montage d'une page est terminé. *Heure de bouclage :* heure prévue pour la tombée de la (ou des) page(s).

CALIBRAGE. Calculs ayant pour objet d'estimer par avance la longueur d'un texte pour savoir quel sera son encombrement dans la page imprimée.

CAPITALE. Lettre majuscule.

CHAPEAU. Court texte rédactionnel présentant un article.

CHASSE. Encombrement en largeur d'un caractère donné.

CHEMIN DE FER. Document permettant de visualiser la pagination du journal avec les différents éléments composant les pages.

COMPOSER. Assembler des caractères pour former un texte.

CORPS. Dimension d'un caractère d'imprimerie.

DRAPEAU (Composition en). Composition en lignes inégales et sans coupures de mots.

ENCADRÉ. Court papier encadré de filets (voir plus loin). Souvent élément d'un article présenté à part et valorisé par cette présentation.

ENCOMBREMENT. Dimension en hauteur d'un texte composé.

ÉPREUVE. Premier tirage d'une composition, fait à la main et en un nombre d'exemplaires réduit, pour recevoir les corrections.

FILET. Ligne typographique séparant verticalement ou horizontalement les éléments d'une page, ou encadrant un article.

FOLIOTAGE. Série de numéros dans une pagination. Ordre des folios.

GABARIT. Feuille de papier aux dimensions de la publication sur laquelle sont imprimés les tracés de colonnes, et servant à la réalisation des maquettes.

GRAISSE. Épaisseur du trait de dessin des caractères.

GRAMMAGE. Poids d'un papier exprimé en grammes au mètre carré.

HABILLAGE. Ensemble des éléments de présentation d'un article.

HORS-TEXTE. Élément d'un article présenté à part, avec un titre, et traitant le sujet sous un angle particulier (portrait, rappel historique, détails, etc.).

IMPRESSION. Obtention d'un nombre indéfini d'exemplaires à partir d'une composition unique.

INTERTITRE ou INTER. Dans un article long, mots pris dans le texte et mis en évidence dans un caractère plus gros pour relancer l'intérêt et attirer l'attention sur le développement qui suit.

ITALIQUE. Caractère penché vers la droite.

JUSTIFICATION. Largeur d'une colonne, d'une composition, d'un cliché, etc., exprimée en points typographiques ou en millimètres.

LÉGENDE. Texte court accompagnant une photo, un dessin, un document.

LETTRE-TRANSFERT. Lettre d'un alphabet imprimé sur une feuille de plastique, et qui peut être reporté par simple frottement sur la page à composer.

MAQUETTE. Modèle d'une page de journal, dessiné à l'échelle ou en vraie grandeur, servant à guider la mise en page.

MISE EN PAGE. Placement, selon l'ordre établi par la maquette, des titres, textes, clichés, annonces publicitaires, dans une forme aux dimensions de la page.

MONSTRE *(ou prémaquette).* Première esquisse, grossièrement crayonnée, d'une mise en page.

MONTAGE. Opération consistant à placer définitivement les éléments d'une page.

OFFSET. Procédé d'impression dérivé de la lithographie — c'est-à-dire fondé sur l'incompatibilité entre les milieux gras et humides — dans lequel la composition à imprimer est reportée sur la feuille de papier par l'intermédiaire d'un cylindre en caoutchouc.

OURS. Encart fournissant les principales indications pratiques sur l'éditeur, les rédacteurs, les tarifs.

PAO. Publication assistée par ordinateur, dite aussi micro-édition. Aboutissement le plus perfectionné des machines à traitement de texte.

PAPIER. Terme du jargon professionnel désignant n'importe quel article.

PHOTOCOMPOSITION. Procédé de composition par photographie produisant un film (positif ou négatif) ou un bromure destinés au montage.

PHOTOGRAVURE. Ensemble des techniques permettant d'obtenir, à partir de documents dessinés ou photographiques, des clichés propres à être reproduits.

POLICE DE CARACTÈRES. Ensemble complet de lettres et de signes dans un caractère donné.

QUADRICHROMIE. Technique de reproduction des documents en couleurs par superposition de quatre couleurs de base : bleu cyan, jaune, rouge magenta et noir.

RUBRIQUE. Ensemble d'articles sur un même thème, que l'on retrouve dans chaque numéro du journal.

SAISIE. Opération d'enregistrement des données d'un texte à composer.

SIGNE. Tout ce qui occupe une place dans la ligne, lettre, chiffre, signe de ponctuation, espace.

SIMILI (pour similigravure). Cliché rendant les demi-teintes par l'interposition d'une trame.

SOUS-TITRE. Éléments de la titraille qui suivent immédiatement le titre proprement dit et le complètent.

SURTITRE. Ligne qui surmonte le titre et fournit un aspect complémentaire de l'information.

TIRAGE. Nombre total d'exemplaire sortis des presses, d'un numéro de périodique.

TITRAILLE. Ensemble du surtitre, du titre, du sous-titre et du chapeau, ou de plusieurs d'entre eux seulement.

TRAIT. Cliché d'un document ne comportant que des blancs et des noirs, un dessin par exemple.

TRAITEMENT DE TEXTE. Machine à composer, le texte s'affichant sur un écran. La machine justifie automatiquement les lignes, inclut les corrections et les rectifications, et conserve le texte sur une disquette.

TYPOGRAPHIE. Procédé d'impression dans lequel les éléments imprimants sont en relief. Par extension, ce terme désigne tout ce qui concerne la graphie des caractères.

VIGNETTE. Ornement dessiné.

Bibliographie

Microkiosque, CRDP de Dijon — B.P. 490, 21013, Dijon Cedex, 50 F.
Se définit lui-même comme : « Petit guide très pratique et abondamment illustré pour imaginer, organiser et fabriquer du début à la fin un journal de son établissement. »

La Gazette scolaire, Janus Korczak, CLEMI, 35 F.
Un ensemble de conseils donnés aux jeunes rédacteurs de journaux scolaires par le grand pédagogue polonais. Rédigé en 1921, c'est un texte à la fois drôle, fondamental... et toujours d'actualité.

Journaux scolaires et lycéens, Jacques Gonnet, Retz, 95 F.
« Demandez nous plus souvent notre avis puisque la vérité sort de la bouche des enfants. » Ce propos, cité en exergue de l'ouvrage de Jacques Gonnet, évoque d'emblée l'angle d'approche de l'auteur sur les journaux produits par les jeunes.

Guide du créateur de publications, Service juridique et technique de l'information, ministère de la Culture et de la Communication, Paris, La Documentation française, 1987, 103 pp.
Le SJTI de l'information a rassemblé dans cette brochure l'ensemble des droits et des devoirs du créateur de périodique.

Dix questions à se poser avant de réaliser un journal
Brochure réalisée par J. Presse et l'équipe du journal *Délit Planète*, 10 F.
Quelques pages pour prendre conscience de l'ampleur de la tâche, lorsqu'on est déjà muni de bonne volonté.

Quatre livres de la collection des « guides du CFPJ » vous permettront d'approfondir ce qui n'a été qu'abordé ici :

— *Guide du droit de la presse*
— *Guide de la rédaction*
— *Précis de mise en page*
— *Comment créer et animer une publication.*

Adresses utiles

Le CLEMI (Centre de liaison de l'enseignement et des moyens d'information), 391, rue de Vaugirard, 75015 Paris.
Organisme de l'Éducation nationale, le Clemi dispose d'une importante collection de journaux scolaires et lycéens. En prenant rendez-vous, on peut consulter la collection ou recevoir quelques conseils.
Et n'oubliez pas : envoyez toujours au Clemi deux exemplaires de chaque numéro de votre journal.

L'ARPEJ - Association Régions Presse Enseignement Jeunesse,
17, place des États-Unis, 75016 Paris.
Regroupe une quarantaine de grands quotidiens régionaux, pour développer l'utilisation de la presse en classe. Contactez le journaliste délégué de l'ARPEJ, au siège du quotidien de votre région. Il aura peut-être des collaborations à vous proposer.

La Fondation Alexandre-Varenne,
10, rue Fontgrève, 63000 Clermont-Ferrand.
Organise et dote divers concours de journaux scolaires et lycéens sur toute la France.

J. Presse - Association de la presse d'initiative jeune,
13, passage des Tourelles, 75020 Paris.
Organise le festival national annuel « Scoop en stock », précédé de festivals régionaux. J. Presse mène une réflexion sur les droits de la presse d'initiative jeune, et propose une carte de journaliste jeune.
J. Presse édite un journal : *Presse-moi.* Il s'agit d'une réflexion sur la presse lycéenne, vue par elle-même.

Bibliothèque nationale, régie du dépôt légal — périodiques
2, rue Vivienne, 75084 Paris Cedex 02 (franchise postale).

Ministère de l'Intérieur, régie du dépôt légal,
1, *bis* place des Saussaies, 75008 Paris (franchise postale).

Deuxième édition : de 5 000 à 7 000 exemplaires

Imprimerie France Quercy
46001 Cahors Cedex
Dépôt légal 1er trimestre 1995